この道ひとすじに

二宮 勝己

天理教道友社

序文

大教会の教会創立六十周年記念祭の準備を命ぜられ、布教地の博多《はかた》から戻って、大教会で「自称」青年取締に任じて、数人の青年と共に勤めていた三月の或《あ》る日のこと、木村貞子《きむらさだこ》さんが可愛《かわい》らしい小さな丸坊主の子供を連れて、私のところへ訪ねて来られた。これが二宮勝己《にのみやかつみ》君と私とのふれ合いの始めである。

「小さい時からの心定め通り、道のご用に通らせて頂きたいと決心して、中学校の卒業式を終えて直《す》ぐ大教会へ参らせて頂きました」

と話された。彼のお母さんの確固たる心と、彼が母の言葉に従って、卒業式当日直ぐ大教会へ来た素直な心に、心打たれた思いは、いまも新たなるものがある。

彼は外面はやさしいが、内に強いしんを持った青年であった。教会生活には全然経験のない彼が、教会内といっても、いろいろの性格の人のいる中でもまれて悩んでいたことは、当時私もよくわかっていた。しかし口で説きさとせることと、話してきかし説明をしても無駄なことがある。

難儀不自由の道を通りて道といふ

とのお言葉通り、つらいこと苦しいことの中を逃げずに通り切って成人の道があり、人頼みでないみずからの歩む道が開かれるのである。

彼は悩みながらも、道を求めてたくましく成人してくれた。そして遂《つい》に今治《いまばり》に布教に出て、名称の理をお許し頂き、いまなお更《さら》に、たすけ一条のご用に勇み切って働いている。

この書物のゲラ刷りを読んで、私はこの序文を書いているが、彼もまたこの書物の読者も、これは彼の半生の記録であると思って頂きたい。道は生涯末代の道である。小さいところから大きく更に大きくと、親神様《おやがみさま》、教祖《おやさま》が子供の成人をお待ち望み下さる御心をおもう時、私達は「いま」に止《とど》まってはならない。

彼も子供から青年となり、妻を娶《めと》り子の親となり、更には多くの道の子のおやとなって、これからも生涯かけて大きく成人の道を歩んでくれることと信ずる。

更にもう一言つけ加えるならば、彼の妻鈴代《すずよ》さんは、真に良き伴侶《はんりょ》（ベター・ハーフ）である。彼女無しには、今日の彼の道は無かったと言えるであろう。

昭和五十二年十月十五日夜記す

中和大教会長

植　田　平　一

「この道ひとすじに」を読んで

「この道ひとすじに」を、再び読みかえして、彼が、中学校卒業式の当日の夜に、母親と共に、大教会へ青年にと来られたこと、葛城《かつらぎ》分教会から四国今治市へ単独布教に出て、夫婦心を合わせて艱難《かんなん》苦労の中を踏み越えて、昭和四十年六月に、瀬戸《せと》路《じ》分教会のお許しを頂かれたこと等思い出し、読みすすむうちに、涙が出て止まりませんでした。

彼も私も、今は老境という歳《とし》になりましたが、まだまだ教祖に連れ通っていただく、たすけ一条の道を求めて、日々の道を歩み続けています。信仰の道を通るお互いは、片足を道に掛けて通っているだけでは、道一筋と言うことはできません。両足を掛け、全身全霊を親神様の思召《おぼしめし》のままに、教祖のひながたをお慕いして通る時にこそ、親神様のご守護の姿を見せていただくことができると思います。
この書は、今教祖百二十年祭のたすけの句に、信仰者の大きな心の糧《かて》となり、結構な道になった現在、尚更《なおさら》心して通らねばならぬいろいろなことを教えられる書物であります。

立教百六十六年七月

植　田　平　一

目次

この道ひとすじに

一条の光

暗い日々

真っ赤な夕焼けの空に、赤トンボが無数に飛びかっていた。

細い竹の先にねばねばした鳥もちをつけ、手に持って軽く振ると先の方がゆらゆらと揺れる。小さな虫を追っかけている赤トンボの群れの中でそれを振ると、何匹かのトンボがくっつくのである。日の暮れるのも忘れて夢中で野原のバッタを追っかけたり、母に内緒で池のえびなどもすくいに行った。

私の幼いころの懐かしい記憶に残っている大阪の町は、思い出のつくれる所であった。

私は、昭和八年十二月二十五日、大阪市東成区中道本通《ひがしなりくなかみちほんどおり》二丁目で、父を木村芳治《きむらよしじ》郎《ろう》、母を貞子《さだこ》として産声《うぶごえ》を上げた。

私が物心ついた時には既に、父は大変な大酒飲みで、飲んで暴れ回り、母はいつもヒステリックな声を響かせていた。私にはそのころ十人の兄弟がいた。

ある日のこと、みんなが夕食をとっていると玄関の戸がドンドンと鳴った。

「父さんだ！」

みんなの顔が緊張する。ガラス戸をたたき壊さんばかりの勢いで入ってきた父は、したたか酒に酔っている。

「コラ！　わしが帰ってきても出迎えるやつは一人もおらんのか！」

父は下駄《げた》を履いたまま上がってきて、私たちの食べていたお膳《ぜん》の下へ、上手《じょうず》に足を入れて〝パッ〟と蹴《け》り上げた。お膳はものの見事にひっくり返った。

〝ガシャン！〟。茶碗《ちゃわん》の割れる音とともに、すべての物が畳の上に投げ出された。

「何すんねんなあ、このあほう！」

母は大声を上げた。

「なんや、もう一度言うてみぃ！」

あとは口汚いののしり合いが続いて夫婦の乱闘が始まる。兄弟みんなは壁ぎわに小さく寄り添って、ただおろおろしながら、それを眺《なが》めさせられる。

腹の減っていた私が「僕の小芋があんな所に転がってるー」と、兄の耳元にささやくと、「あれは僕のや。おまえのは、あの敷居のところに転がってるやんか」と、私の足をつっついた。

毎日のように、こんなことが繰り返された。ひどい時は、ラジオが飛ぶ、火鉢が投げられる、手裏剣《しゅりけん》のように出刃包丁《でばぼうちょう》が畳に突き刺さる、というありさまである。

その苦しみの発端は、父母がまだ若いころの恋愛時代にさかのぼる。

父は結婚したいと祖母に打ち明けた。祖母は猛烈に反対した。祖母には〝息子の嫁に〟と思い定めていた人がいたからである。特に「辰年《たつどし》の女はいかん！」と、辰年生まれの母を真っ向から非難した。

それでも父は強引に母を嫁にした。それ以来祖母は、毎日のように母のすることに文句を言った。母が炊いたご飯も「辰年の炊いたご飯は食えん」と食べなかった。

最初は母も、なんとかして祖母と仲良くしようと頑張ったが、しょせん駄目であった。

父が仕事から帰ってくると、いつも母は目を赤く泣きはらしていた。

「お母ちゃん、どうしてそんなに貞子を痛めつけにゃならんのや！」と、父は祖母に詰め寄った。しかし、盲目で、しかも頑固な祖母の心は鉄板のように固く、何百ぺん父が頼んでも、聞いてはくれなかった。楽しい夢を描いた結婚が悪夢に変わった。

父としては、自分を産んでくれ、しかもそのあとの患いで目が見えなくなり、言うに言えない苦労を重ねて今日まで育ててくれた親であり、母一人子一人の中、宝物のように可愛《かわい》がって大きくしてくれた祖母を、いまさら痛めつける気にもなれず、さりとて好きな母と別れるわけにもいかず、「はて、どうしたらいいものか」と眠れぬ夜が続いた。

母もまた、〝お義母《かあ》さんがそこまで私をいじめるのなら、私もとことん反抗してやろう。どっちが勝つか根比べや〟と、いつ知れず心が次第によじれていった。そして祖母と母の冷たい心の争いが始まった。

それからというもの、父はますます陰気になっていった。そして、その苦しみに耐えかね、レコードを聞いて心を紛らせ、人生論を読みあさってはその指針を求め、尺八に身を託し四国八十八カ所の遍路道も歩き、自然の中に生きる道を求めてもみた。最後にはあらゆる宗教にその救いを求めたりしたが、現実にはどうにもならず、真にたすかる道はどこにも見いだすことができなかった。

ある日、ふと口に含んだ酒が快く五体を麻痺《まひ》させて、一時的にも苦悩を忘れさせてくれた。「素晴らしい！　こんな幻想の世界があったとは知らなかった」と父は感激した。

しかし酔いが醒《さ》めてみると、また現実の苦悩が待ちかまえていた。だから酔いが醒めないうちに、次の酒を注ぎ込んだ。飲みたい酒ではなかった。俗に言う、やけ酒であった。それもだんだん深まっていき、一升飲んでも幻想の世界が訪れなくなってしまった。哀れな父であった。

酒を飲んでいない時の父は、とても心の優しいところがあった。自分のために新しく作った背広を持って帰る途中、物ごいする人を見て「寒いやろう。これをあげるから着たらええ」と渡してしまうとか、また、真っ黒に汚れたホームレスの子供を家へ連れて帰って、いろいろ世話をしていたこともあった。

私は〝うちはなんで喧嘩《けんか》ばかりすんねんやろう〟と、子供心に、明るく笑い合って暮らしている友達の家がうらやましかった。

毎日のように大声を上げて喧嘩をするので、近所でも嬉《うれ》しくない評判を取っていた。この評判を聞いて訪ねてきたのが、そのころ、おたすけに精を出していた植木《うえき》ハツさんだったのである。

入信、そして父の出直し

「チョコチョコと歩いてくる人」、そんな印象の植木ハツさんだった。何べん訪ねてきても母は話を聞こうとしなかった。しかし植木さんも引かなかった。

母は「私に神様の話をするより、ここに昼寝しているこの大酒飲みに話をしたらええのや」と言う。「いや、この家は、あんたが神様のお話を聞き分けにゃたすからん」と植木さんは押す。そんな状態が数年続いた。

ある日のこと、何かに腹を立てた父が、大酒を飲んだ勢いで漬物の入った四斗樽《とだる》を座敷に抱え上げ、クルリと逆さにして畳の上に糠《ぬか》みそごとひっくり返し、またご丁寧《ていねい》にその上をクチャクチャと下駄で踏みつけたのである。八畳の間に糠みそを広げ終わると、疲れ果てて隣の部屋でグウグウと大の字になって寝入ってしまった。母は悲しさを通り越して「どうにでもなれ」と打っちゃっていた。

そこへ植木さんが「こんにちは」とやって来た。部屋いっぱいに敷き詰められた糠みそを見た植木さんは「あああー」と言いながら、裏からバケツを持ち出してきて、畳の糠みそをかき寄せてはバケツに入れかけた。

それを見た母は、「植木さん、ほっといて!」とヒステリックに叫んだ。しかし植木さんはやめなかった。何回となく糠みそをバケツに入れては裏へ捨てに行った。そしてお湯を沸《わ》かし丁寧に畳を拭《ふ》いた。あまりのことに、呆然《ぼうぜん》とそのさまを見ていた母の胸の中に、あついものが込み上げてきた。

「広い世の中に、私のことをこんなにまで思ってくれる人が、ほかにいるやろか。

この人が本当に私をたすけてくれる神様じゃなかろうか、と思い始めたのは、この時からや」と、母はよく話してくれた。

母の信仰が始まった。勝ち気な母は信仰を始めると一気に別席へと進んだ。それを知った父は、母の髪をわしづかみにし、引きちぎらんばかりに振り回して、「あれだけ言うてるのに、また行ったやろ！　わしは金集めの天理教だけは大嫌いや。だから天理教をやめよと言うてるのが分からんのか」と怒鳴り飛ばし、拳《こぶし》を振り上げた。しかし、いったん燃え上がった信仰の火は消し難く、止めれば止めるほど、さらに燃え上がったのである。

植木さんは「主人に呼ばれたら、ハイと気持ちいい返事をするように」とも、「飲みたい酒なら程よく温めて、あなたが酌《しゃく》をして飲ませてておあげ」とも諭してくれた。快くそのことが実行できるまでには、かなり時間がかかった。植木さんは口癖のように「徳を積め、おつくしをせよ」と、運命のやせている木村家に肥《こえ》を施す道を急いだ。

ちょうど中和《ちゅうわ》詰所が普請にかかっていたころであった。植木さんは家に来ると

「おつくし」と手を出した。「植木さんは、まるで私が金のなる木を持っているように思ってるのやなあ」と母はつぶやきながら、家業に精を出し、誠の限りを尽くして徳を積む日が続いた。そうした中に、次第に悪い運命が切り替えられ、良い運命が芽をふき始めた。

まず、母が明るく優しくなった。その姿を見て父が〝あれだけ強情だった妻を、こんなに優しい人間に変えた天理教には何があるのか〟と、だんだん心ひかれて、ついには別科入学となった。

おぢばで見るもの聞くものすべてが珍しく、ひたすら心を入れ替えてひのきしんに励み、別科卒業後は大酒をピタリとやめてしまった。心が明るく解けてきた今、「幻想の世界」は必要なくなったわけである。

父は、便所の掃除道具をさげて、近所の家々を「便所掃除のひのきしんをさせてください」と回った。だが、少しばかり時期が遅かった。大酒にひたりきった肝臓が既に駄目になっていた。死に病となった父は、「貞子、すまんだなあ……」と何回も繰り返しつつ、子供たちにも「父ちゃんに孝行すると思って、その分、母ちゃんを大事にしてやってや」と言葉を結んで、四十五歳の短命で出直した。私が九歳の時であった。葬式の写真を見ると、母は十一人目の子供をお腹《なか》に入れていたことも合わせて、この世の人とも思えぬ呆然とした顔で痛ましく写っている。

若葉の出そろう五月三日であった。「苦しいことは続くもの……」という言葉どおり、当時九歳であった私が筋肉炎という大病を患い、入院し、危篤《きとく》状態に陥った。

夫の死に続く子供の病に直面した母の苦痛は、耐え難いものであったろう。〝なんとか命をひきとめたい〟と、母は必死の願いをかけた。だが、私の病状は悪化の一途をたどり、最後に医者も手を放した。なすすべを全部尽くしたあと、死は急に訪れた。その瞬間、母の心に〝神様は、人たすけたらわが身たすかると教えてくださった。この子を人だすけに捧《ささ》げたら、たすかるかもしれん〟という思いがよぎった。〝そうしよう〟と即座に決断し、「この子を人だすけのために神様の三方《さんぼう》にのせます」との真剣な心定めをした。真実な母の願いが神様に通じ、死への旅路を急いでいた私が再びこの世に甦《よみがえ》った。

そのころから第二次世界大戦が激しくなり、B29の空襲が相次いだ。ある朝、防《ぼう》空壕《くうごう》から出たら祖母が安らかに出直していた。出直す少し前に「貞子、許してや」と繰り返し、手を合わせて謝っているのを私は見ていた。

〝たすけ一条〟への門出

第二次世界大戦の激しかったことは、いま思い出しても恐ろしく、身震いがする。戦争も終末を迎えた昭和二十年の春ごろには、毎日のように続く空襲に、日本中がみるみるうちに焦土と化した。

むろん大阪の空にも毎日のようにB29の編隊が飛んできては、焼夷弾《しょういだん》を落としていった。夜空に花火さながらの美しいものであったが、その火花の一つひとつが焼夷弾で、落ちてきたら〝パッ！〟と辺り一面が火の海となり、あらゆるものを焼き尽くし、多くの人が焼け死んでいった。

私たちは、大阪の町がまったくの焼け野原になる数日前に、知人を頼り高野山《こうやさん》の山並みにある和歌山県伊都郡富貴村《いとぐんふきむら》へ疎開した。まさに山奥のさらに奥で、イノシシがよく出てきたものである。

四年生から富貴小学校へ転校した私は、「町の子」というそれだけのことで、よくいじめられた。なけなしの一枚のシャツを、年下の子らに胸元から引きちぎられたり、バラバラと飛んでくる石のつぶてに追っかけられる日が続いた。弟や妹がいつも泣かされて帰ってくるのが私には腹立たしかった。

同じ「町の子」であったもう一人の子は、家からいろいろ珍しい物を持ち出しては、ガキ大将に与えるから、彼はとても大切にされていた。「おまえも何か持ってこい」と言われるが、持っていくものはない。働き手の父は既におらず、兄弟は多く、小屋のような家でいくら探し回っても、それらしいものはあるはずもなく、まさにどん底であった。

母はこうした中に子供を育てなければならず、どうしてもお金が必要であった。しかし、中和大教会長であった植田英蔵《うえだえいぞう》先生は「おたすけに踏み切れ」と言われた。〝道に出るべきか、働くべきか〟と母は迷った。

さまざまな思いが行き来する中に、過ぎし日のありさまが彷彿《ほうふつ》と浮かんだ。

〝夫の大酒と、お義母さんのあの強情さで痛めつけられた時、何度、子供の手を引いて死に場所を求めて歩いたことか。あの時に死んでいたら今日の日はないはずや。死んだと思うておたすけに飛び出そう〟

心は定まり、「布教への道」が始まった。

疎開者が自分一人の口過ぎさえも容易でなかった終戦のどさくさのころとて、上の子供五人はそれぞれの仕事を求めて出ていったが、なお、私を頭に六人の小さい子供を抱えてこの道へと踏み切った母の勇気は、ちょっと想像に余るものがあった。それは〝理の親の言葉を、バカが通り抜けるほど信じる〟ことでしかなかった。

最初は細々としたにをいがけとひのきしんで始まった。ひのきしんの帰りに、わずかばかりのさつま芋を神様のお供えに頂いて帰ってくるのを、六人の子供たちの口が今や遅しと待ち構えていた。暗くなって、兄弟みんなで表へ出て母の帰りを待ちわびたが、おたすけに熱中した母は時のたつのも忘れ、お腹をすかして待っている子供たちのことを忘れたかのように、いつまでも帰ってこず、私たちは眠気が先に訪れて、そのまま眠ってしまった日も何回かあった。

寝床は薄い掛け布団が四枚ほどで、四方からみんなが足を入れて、それぞれが引っ張り合いをするから、真ん中がほつれて足が出る。そんなとき、母はいつもその上に座布団をのせるのだった。

そんなある晩、おたすけから帰ってきた母が、玄関を入ってくるなり、けわしい顔をして私たちを叱《しか》り飛ばした。

「あんたら、よその家の柿《かき》取って食べたんやろう！」

と、大変な剣幕《けんまく》である。みんなは、

「そんなん取らへんで！」

と首を横に振った。

「みんな、よう聞きや。お母ちゃんはな、神様のご用をしてるのやで。そやのに、あんたらが、なんぼお腹すいたからいうて柿盗んで食べたら、おたすけできへんやないか！」

と母が言うと、下の妹が、

「お母ちゃん、うちら柿の木の下を通った時、落ちてある柿を拾って食べたけど、木からちぎったことあらへんで」

と、元気に言い返した。

「それがいかんのや。人というのは拾うて食べても盗んで食べてると思うものや。これから拾うて食べんといてんか。それから柿の木の下も通らんといて。母ちゃんの頼みやよって」

あとは泣いてしまって、あまり聞き取れなかった。

母はこのころ何度となく〝おたすけをやめようかしらん……〟と思った。そして〝六人の子供たちに腹いっぱいご飯を食べさせてやりたい〟と心に叫び、頭から布団をかぶって泣いた。後日、母は「たすけ一条の神の理と、親の情との板ばさみで、眠れぬ夜を幾晩過ごしたことか」と、よく話していた。

それからあと、私たちは大回りしても柿の木の下を通らなかった。食べられるような草があれば取ってきて食べたり、芋のつるを食べたりして飢えをしのいだ。

母がおぢばへ帰る朝、「勝己、この米、三日ほどに分けて使いや」と言って出ていった。米びつには五合の米しか入っていなかった。六人が三日間で五合である。一回に一すくいの米をショロショロと大きな釜《かま》に入れて、あとは水で満たしていっぱいにする。そしてどんどん炊いた。出来上がったご飯は、まさに色のついたお湯でしかなかった。一人が杓《しゃく》でグルグルまぜると、一人がサアッとすくうのである。そうすれば米粒が平等に、茶碗の中にちらちらと泳ぐからである。

もちろん、遠足や修学旅行も行けるはずがなかった。学校で聞いて帰った時、言う必要はないと思って言わなかったら、母が「おまえ、修学旅行のこと聞いたら、なぜ母ちゃんに言わんのや」と、泣きそうな顔をして叱った。けれど、ただの一度も「貧乏はつらいなあ」とも「苦しいなあ」とも、私たちは母の口から聞いたことはなかった。母の胸の中には、教祖《おやさま》のことがいつも生き生きと息づいていたのだろう。

そのころ、既に中学二年生になっていた私は、お道の子供会をつくり、母から聞いた話を友達に話したり、お宮などでひのきしんに汗を流したりしていた。私の信仰はここに始まっている。

同じころ、植木ハツさんを導いた理の親、二宮《にのみや》ヒデヨ先生（後日、私の養母となる）が大教会長様のご命で、母の布教を応援に来てくださった。ますますおたすけ活動に力が入ってきた。別席者が一人また一人と育ってゆき、道は徐々に広がっていった。

ある夜など、冬中ほとんど雪の絶えることのない富貴村にことさらに大雪が降り、母は、なんとか川までたどりついたものの、丸太ん棒の橋は完全に雪に覆われて、まったく見えない。都会育ちの手で雪を払いのけつつ、這《は》うようにして雪の中の橋を捜し求め、やっとの思いで帰ってきたこともあった。手も足もまったく感覚を失い、どのようにして歩いたものか思い出せないと、その時のことをよく話してくれた。

私は中学校に入学すると新聞配達を始めた。山間のため、一軒の家に新聞を配るのに、谷を一つ越えねばならないようなこともあった。しかし月末に何がしかの給料を手にした時は、嬉しくてたまらなかった。母に渡したら「よかったなあ」と大変喜んでくれた。もちろん貧困の真っ最中のこととて、自分の使えるお金ではなかった。

給料日から二、三日たった夜、私はものすごい高熱を出してあえいだ。しかし母のおさづけで見事に治った。その後、中学の卒業間近にも同じような高熱に見舞われた。私はソロバンが少しできるので、製材会社から「ぜひ事務員に来てほしい」と言われ、行くことにしていた。高熱が出たのはその夜のことで、おさづけを取り次いでくれた母が、熱に浮かされて夢うつつの私のそばで、次のようなことを言っていた。

「おまえが九つの時、筋肉炎を患って、もう命がないという時、母ちゃんは『この子は神様の三方の上にのせます。人だすけに使《つこ》うてください。決して家のためには使いませんから』と心を定めて、死に瀕《ひん》していたのをたすけてもらったのや。それやのに、家計が苦しいからと、おまえが新聞配達して手にしたお金を家のために使った。そしたら、あれだけ苦しんだ。その姿を見て深くお詫《わ》びしておきながら、また昨日、しばらく製材会社の事務員にやって家計の足しにしてもらおうと思い、『しばらくの間、会社へ働きに行かせます』と言ってしまったのや。神様との約束破ったら恐ろしいものや。母ちゃんが悪かった、許してや。明日の朝、会社へ断りに行ってくる。だから、おまえ、卒業したらすぐ大教会の青年に住み込ませてもらうねんで」

私は中学を卒業したその日、さまざまな思い出を残して、富貴村を去り、奈良県大和高田市《やまとたかだし》にある中和大教会に青年として住み込んだ。小さな丸刈りの可愛い青年だったそうである。

若き日の悩みと喜び

住み込み青年の悩み

さまざまな木々がうっそうと繁《しげ》り、森のように見える中に、初めて大きな神殿を見た私は大いにびっくりした。〝天理教とは大きいものやなあ〟と思った。

そのころ大教会では、部内の教会長の子弟が青年づとめをすることになっていた。私は会長の子弟ではなく、一信者の子供である。それはすべての生活の中で、口には言われないまでもさまざまな点で差があった。若い私の心は傷つき、ちょっとしたことにまで、ひがみ心が頭をもたげた。

A先生は「みんなは教会の若先生であり、立派なヤング・ゼントルマンだが、おまえは違うのやぞ」と、厳しい態度であらためて丁寧《ていねい》に教えてくださった。そのとおりではあるが、私には悲しいことのように聞こえた。〝天理教の陽気ぐらしは、はたして、どんなところにあるのだろうか〟と、信仰までも疑う心が頭をもたげてきて、なんとなくうっとうしい月日が流れていった。

そんなころ、ある先生が私の肩をポンと叩《たた》いて、「野良犬になるなよ。野良犬はいい食べ物をやっても、つかまえられると思って寄ってこんのや。そうして汚いゴミ箱ばかりあさるのやで。大教会に住み込んで、人の悪いところばかり目について不足するのは、野良犬の心やで」と教えてくださった。

その言葉で私の心に灯《あか》りがついた。

〝本当や、ようし、きょう限り野良犬はやめた〟と心に誓った。

それからは周囲の人たちの心の断面を見聞きするたびに〝教祖《おやさま》が私に下される何よりの贈り物に違いない。どんなことも一つひとつ私の心の肥《こえ》にしてゆかねば〟と決心して歩き出した。野良犬から見事に飼い犬に変わったのである。それからというもの、今までの暗さは消えて、心は日増しに明るくなっていった。広い庭の草ひきも、水まきも、掃除や買い物にも心が弾み、やる気が起こり、春の日差しがさらに鼻歌さえ引き出してくれた。心一つが切り替われば、こんなにまで生活が一変するのかと思うと、あらためて信仰への歩みが速まっていった。

若き布教志望者

足に鎖《くさり》をつけたように重い。〝どうしよう。どう取り次ぐんやろう〟と心は迷いながら、身体《からだ》は市民病院へと向かう。私が十七歳になっておさづけの理を戴《いただ》き、初めてのおたすけに出させていただいた日のことである。

私が教会の子供会でいつもお世話させていただいていた子供が、破傷風《はしょうふう》で危篤状態が続いた。そのお母さんが訪ねてきて、「うわ言で先生のことを言いますので、おたすけに来てください」との頼みでびっくり仰天《ぎょうてん》。おどおどしながらおたすけを決心した次第である。

市民病院に着いた私は、病人の名前を確かめ、病室のドアを少しばかり開けて中をのぞいた。私は思わず心の中で〝アッ!〟と叫んだ。子供のベッドをはさんで親《しん》戚《せき》の人々が大勢立ち並び、真ん中に看護婦さんまでもが付き添っているのである。その瞬間、私の目の前の戸がスーッと自動的に閉まり始めた。知らぬ間に手でドアを押していたらしい。その時、ギイッと小さくきしむ音がした。と同時に、中の一人が、

「あっ、天理教の先生が来てくれはったで！」

と、頓狂《とんきょう》な声を発した。見つけられた今となっては「また、あとで来ます」と逃げるわけにもいかず、「どうも……」と小さな身体を余計小さくして入っていった。

「先生、拝んでやってください。たすけてやってください」

　みんなが壁際に寄って私のために通路があけられた。そうされると、なおさら身体がキュッと硬くなった。ベッドのそばに寄った私は、神様のお話はおろか、心定めをすることも、させることもできなかった。ただ「おさづけを取り次がせていただきます……」と、つぶやくように言って柏手《かしわで》を打った。

　すっかり上がってしまった私は、柏手を何回打ったのか、またあしきはらいを何回したのか、無茶苦茶で何も分からず、ただ心の中で「教祖！　教祖！」と、それ

ばかり繰り返していたように思う。

最後の柏手を打った時、背中にスーッと冷や汗が流れたのを覚えている。終わった途端に病人が「ワッ！」と両手足を伸ばして大きな引きつけを起こした。そばにいた私も、同時に身体が引きつる思いがした。しばらくしてまた「ワッ！」と起こった。そのたびに私の身体が引きつる。哀れなのは私の方である。三回目の引きつけが終わったあと、四回目がちょっと延びた。私は「いま帰らなきゃ、帰るチャンスはない」と、とっさに思って、「それでは帰って教会でお願いさせていただきますから」と告げて、ほうほうの体《てい》で廊下へ出た。

やっと一人になった私は「ああ、たすかった」と、本当にそう思った。たすかったのは病人ではなく私である。教会へ帰ってからも、破傷風の理が何やら、親への理立てをどうするのやら、十七歳の私には分かろうはずはなく、とにかく何べんもおつとめをし、神様にお願いした。

翌朝、お母さんが来た。私は胸の動悸《どうき》を抑えながら近づいていった。不思議なことに、お母さんは笑っている。「なんでやろう？」――しかし、その答えはすぐに出た。お母さんが「先生！　おかげで子供がたすかりましたよ」と言ったのである。

「へえー、たすかった？」。驚いたのは私の方である。

十七歳の若い先生の初めてのおたすけ体験であり、心の記録である。


そのころ十数人いた青年さんは、次々と単独布教を志して旅立っていった。私も大教会へ来て三年たったころ、「布教に出してください」と大教会長様に頼んだ。

「なんやて、布教？　やめとけ！」

それで終わりであった。人間の心理というのは不思議なもので、止められると、さらに布教への心は深まり、会長様から「もう布教に行ってもええ」と言っていただけるように自分を磨かねば、と頑張った。

ある役員先生から「オイ、散髪をしてくれ」と言われたので、早速バリカンを取り出して、あまり毛のない頭を刈り始めた。暖かい春の日が廊下に差して、老先生は気持ちよさそうにウトウトと眠り始めた。

「先生、布教に出たら散髪はどうするんですか？」

と尋ねたが、いっこうに返事がない。あらためてもう一度尋ねると、

「頭が気になるようで布教に行けるか！」

と言われ、またコックリコックリ始めた。私はその意味が分からないほど、まだ無邪気な布教志望者でしかなかったのである。

ある夏の宵《よい》、若先生（植田平一《うえだひらかず》先生）が、

「布教に行っても、徳のない者は途中切れをしてしまうものや。しっかり徳を積めよ」

と言われた。そのころ、私たち青年はお手当てとして一カ月三百円を頂いていた。私はどうにかして徳を積もうと考えたが、三百円では、どう考えてもひねり出しようがない。といって、布教の途中切れはイヤだ。〝よし、あとは野となれ山となれ〟と、半分の百五十円を封筒に入れて、若先生にお供えとして差し出した。下駄《げた》が一足百円、散髪代が百円、歯磨き、石鹸《せっけん》その他で百円、合計三百円はどうしても一カ月に必要な経費である。

どこかで徳積みを捻出《ねんしゅつ》しようと、まず髪を友達に刈ってくれるように頼んだ。

「よしきた」と友達は、いささか古いバリカンを取り出してジャキジャキやるが、途中で髪の毛が切れず、ひっかかっているのをそのまま「エイッ」と引き上げるものだから、「イタイ！」と私が大声を出す。「ただやないか、辛抱《しんぼう》せえ」と友達は平気なもの。目から火が出る思いをしながら〝徳積みとは痛いものやなあ〟と思ったものである。

一つの徳を積むと、また次の徳が積みたくなるというのは、やってみないと分からないもので、二回目は頂いた三百円をそのまま封筒に入れておつくしさせていただいた。その時、若先生が「かまわんのか？」と優しくいたわってくださり、それがどんなに嬉《うれ》しかったことか。ついに歯磨き粉は塩に変わり、下駄は友達が履《は》き古したのを縁の下から引っ張り出して、修理をして履いた。なんとしても布教の途中切れはしたくない一念であった。

三日単独布教

大教会青年としての日々の勤めは、それぞれに決まっていた。その日課の合間をねらってにをいがけに出た。帰ってくると、「青年は青年の勤めをせよ！」と、いつも叱《しか》られた。叱られながら、また飛び出した。

私の信頼していたＨ先生が「布教に出たら出た時のこと、その時になったらおれもやったる！　と皆は言うが、それではやれんぞ。今から布教の道を求めておかにゃならん」と教えてくださったことが、耳にこびりついて離れない。

十一月末のある日、朝づとめ後、友達の一人にあとを頼んで大教会を飛び出した。お金は一銭も持っていない。当てはないが〝三日間のにをいがけ〟と心に定めて歩きだした。途中、「天理教の話を聞いてください」と声をふるわせて語りかけるが、二十歳になったばかりの青二才を誰も相手にしてくれず、ほとんど歩き通して夜になった。

朝から何も食べていないし、水さえ飲んでいない身に寒さがこたえた。藁《わら》小屋を見つけ、潜り込んだ。夜が更《ふ》けてゆくにつれて、ますます冷え込み、手をさすり、足をこすり合わせてみたが駄目で、歯がガチガチと鳴る始末。「これじゃいかん」と藁小屋を飛び出して、トボトボと当てもなく歩き始めた。歩いてさえいれば寒さはしのげた。

次の朝、太陽が昇るのを見て、「おれは人だすけをしてるんだぞ！」と怒鳴ってみたが、声にならない。「これぐらいのことで、へばってなるものか」と二日目を乗り切ったが、三日目の朝にはもう足が前へ進んでくれない。足の関節がガクガクして、その場へくずれ込んでしまいそうになった。心は〝なにくそ！〟と思っても、身体が言うことをきいてくれない。足がひとりでに大教会の方へ向いてしまう。〝こんなことで布教に出してくれと、よく言えたもんや〟と自分で自分を叱り飛ばしつつ、渇いた喉《のど》に唾《つば》を飲み込み飲み込み歩いた。

あと二キロで大教会という所まで帰ってきたら、急に身体の力が抜けて、道端にバッタリと倒れてしまった。「このまましばらく休もう……」と目をつぶった。と、誰かが私の足をコッツンコッツンと蹴《け》っている。〝誰やろう？〟と目を開けると、「アー、生きてたのか。行き倒れかと思うたが……」と、そそくさと行ってしまった。しばらくすると、また足音が聞こえた。今度は蹴られてはならんと、大きな目をギョロリと開けて空をにらんだ。真っ青な空に、やがて羽ばたく自分の姿を思い描くと、訳もなく涙が草むらに落ちた。

やっとのことで大教会の食堂へたどり着いたら、炊事場のおばさんが「ほんまにあほやで。ご飯炊けるまで、早《はよ》う、このお粥《かゆ》の残りでも食べ」と茶碗《ちゃわん》に注いでくれた。茶碗を手にしたが、食べるより先に涙がドッと吹き出て茶碗に入った。ひと口冷たいお粥を口の中へ流し込んだ。うまかった。おいしかった。かつて、こんなおいしいものを私は食べたことはなかった。あの時の味は、今も口に残っている。

——これは生まれて初めての、おんぼろ布教体験記である。

その後もたびたび布教に飛び出したが、二度目からは少し面白さが加わった。このことが後日、私の単独布教の際の、衣食住への恐れを見事に打ち消してくれる元となってくれたのである。

二十三歳の団長

「ちょっと来い」

大教会長様（植田英蔵先生）に呼ばれた。

「なんでしょうか？」

「おまえ、子供の世話ばかりするのが能ではない。この七十年祭の旬に、世話をしている子供たちの親をおぢばにお連れせよ」

「何人ぐらいお連れして行くのですか？」

「多いほうがよい」

「やらせていただきます」

部屋に戻ってきて考えた。教会子供会は長くつとめさせていただいたので、子供たちとは特に親しい。けれど、大人となるとそうはいかない。私がまだ二十三歳の時である。信者さんらしい人も見当たらない。といって、考えているだけでは何もできてこない。とにかく元気を出して子供たちの両親に聞いてみようと、一軒ずつ訪ねていき、「おぢば帰り」を勧めてみた。

「さあねえ」と中途半端な返事ばかりである。しかし大教会長様は、私にできるから「やってみよ」と言われたに違いない。大教会長様は私の力の範囲をご存じのはずである。〝なんとかして、どうかして〟と歩いた。幾日も幾日も歩いた。心はあせるばかりで、誰も快い返事をくれない。

そんなある日のこと、「それはいいことだから、一度、町会長さんの家に行き、ご相談してみたらどうですか？」と教えてくださる人に出会った。まことに天のたすけである。小躍りして町会長さんに会って、死に物狂いで頼んだ。私の話をジーッと聞いていた町会長さんは、

「では、皆さんに連絡をしてあげましょう」

と引き受けてくださった。「教祖！ ありがとうございました。ありがとうございました」と繰り返し、あとは言葉にならなかった。

団参切符を用意してあちこちに売って歩いた。いきおい町の青年会も婦人会も動き始めた。心が宙を飛ぶほど嬉しかった。勇みに勇んで二百五十名の人々がおぢばへ帰ってくだされた。いま見ると、背の低い私が団体長の腕章をつけて、感激もそのまま記念写真に写っている。

愛の鞭

　植田英蔵会長様は仕込みの厳しいお方であった。

　私は会長様のご命により、会長宅に住み込むことになった。それからというもの、数年間は叱られっぱなしであった。拭《ふ》き掃除をしていると、

「なんだ、おまえの掃除は！」

と言われる。畳を掃いていると、

「箒《ほうき》を回して使え！」

と言われる。畑の草取りは、

「性根が入ってない！」

と怒鳴られる。何をしても一度も褒《ほ》めてもらったことがない。

　ご本部からお帰りになる時間が来ると、玄関で小さくなってお迎えをする。ある日のこと、私のためにズボンを買ってきてくださった。私は嬉しくてたまらず、早速、足を通してみたところ、どう引っ張っても長すぎて足が見えない。すると奥の

方から、

「ズボンの丈《たけ》はどうや？」

と声が響いた。

「ハイ、ちょっと長いようです」

と返事をすると、

「バカ！　おまえの足が短いのや」。

大声が帰ってきて、私は目を白黒させた。

翌朝、また「ズボンの丈はどうや？」と言われ、即座に「私の足が短いんです」と返事をしたら、「そうか」とニッコリ笑って出ていかれた。なるほど、お道の通り方は、自分に合わせるのやなくて、ズボンに足を合わせるように相手に合わせるのやなあ、と思った。

会長様が長い巡教に出られている間に、畑の草をコツコツとひいて、一本も残さないほどであった。お帰りになった翌朝、畑へ出られたので、早速、私もお供した。今日こそは〝美しくなったなあ〟と必ず褒めてくださると期待していたが、畑からの帰り道、「半分できたなあ」と言われただけであった。私の心の中をちゃんと読まれて「高慢になるなよ」と仕込んでくだされたのやなあと、痛いほど感じた。とにかくそんなわけで、会長様からただの一度も褒めていただいたことはなかった。

それから数年後、ご身上《みじょう》が悪くなられて詰所でお休みになるようになってからは、私が詰所へ帰ると「勝己を呼べ」と言われて、行くと「これをやろう」と珍しいお菓子を、いつも私の手の上にのせてくださった。時には涙をためて、私の顔をじっと見つめてくださることもあった。

出直された今、お墓の前で「親会長様、必ず、しっかりお道のご用に働かせていただきます」と再三手を合わせて、厳しく仕込んでくだされたお礼を申すのである。本当は心から私を可愛《かわい》く思ってくだされ、それゆえに、特別厳しくお仕込みくだされたのやなあと、今しみじみ思うのである。

葛城分教会へ

足かけ九年の青年づとめを終えたとき、奈良県の御所市《ごせし》にある葛城《かつらぎ》分教会へ行くことになった。前会長さんが千葉県にある教会の会長として出向かれるようになったため、養母の二宮ヒデヨ（私は十七歳のときに養子縁組がととのい、二宮家の養子となっていた）が後任の会長として行くことになり、私も共にそこへ住み込むことになったのである。

田舎の山手にある、私の若さとは似合わない、静かな、おとなしい教会であった。この教会では月次祭に直会《なおらい》をしないとの話を聞いたので、私は役員さんに、

「月次祭にはご飯を炊いて、お参りの人に出すようにしてください」

と頼んで、早速おたすけに出た。

月次祭の朝、教会へ帰ってきたら、炊事場はひっそりとしていて、直会の用意をしているような気配がない。

「今日の直会の用意は？」

と聞くと、

「今までしたことがないので、やっぱりやめとこやと、みんなで決めたんです」

と、古い信者さんの代表が言う。

「何言うてんねん。そんなことで世界たすけのご用ができるかいな。あんたらがせえへんのなら、私が用意しまっさ」

と、炊事場へ下りて米を洗い始めた。信者代表のKさんは腹を立てて家へ帰ってしまった。が、あとに残った人々が手伝ってくれて直会の用意ができた。

「今度来た若先生はこわい人やで。あれでも天理教の先生やと」

などと村の人々は話し合っていたが、私はそんなことには関係なく、みんなを勇ませた。近所の子供たちを集めて教会子供会をし、てをどりや鳴物《なりもの》を教えた。てをどりは特別に大声を張り上げてつとめた。私一人が勇んで弾んでいる姿は、ちょっと滑稽《こっけい》に見えたかもしれない。しかし私は満足であった。「人が勇めば神も勇む」とお教えいただいているではないか。

だんだんと教会全体が活気づいてきた。しかし、私にとっては会長であり、養母でもあるヒデヨ母と、私の〝若気の至り〟との間に、しばしば心のずれが生じた。これは若い信仰者の私にとって、大きな苦悩であった。

義母、おたすけ、悩み

玄関まで帰り着く。しかし戸を開ける気にならない。「今度こそ親に逆らわないぞ」と固く心に言い聞かせてから、

「ただいま！」

と声をかける。

「おかえり。寒かったやろう」

と、ヒデヨ母が出迎えてくれる。

「さあ、風呂《ふろ》に入ってこれをお食べ。炬燵《こたつ》も入れておいたから――。寝間着は、このネルが温かかろうなあ」

それを聞いた途端、ムカムカしてくる。

「この毛布も、おまえのために、Kさんのところから、わざわざもらってきておいたんやで」

ここまでくると二十代の私の心はこらえきれず、ドカン！と爆発を起こす。

「うるさい！　僕のことは何もせんでいいと言うているやろう」

「そやかて、おまえが可愛くて、してやりたいのやから仕方あらへん」

「仕方あらへんことないわい。ほっといてほしいと言うてんねん」

「それがほっておかれへんのや」

ヒデヨ母はもう涙声である。こんなことを何十回となく繰り返した。

私はいつも、お道の者は何からでも不自由せにゃならん、不自由の中に真実のおたすけがあると、真剣に思っている。ところが、ヒデヨ母は「そんなに、があがあやらんでもええ。これもお食べ、あれも着よ」と、私を撫《な》でさすらんばかりの可愛がりようである。年寄ってから、やっと養子にもらった私が可愛くてならないふうであった。

信者さん方が月次祭の準備をしながら、

「うちの若先生な、いつも会長さんをいじめてはんのやと」

と、私にわざと聞こえんばかりに言うのが耳に入る。もっとつらいのは、おたすけ先で親孝心の話をする時である。

「あんたなあ、どんな親でも大切にせにゃならんのやと、教祖が教えてくれてはりますのやで。そうでないと本当のご守護は頂けませんのや」

と取り次ぎながら、まるで自分の心に自分の手で鎖を巻きつけて、グイグイ締め上げているような苦痛を覚える。最後にはその苦痛に耐えかねて、うめき声を上げ、ほうほうの体《てい》でおたすけ先の家を飛び出してしまう。特に、ヒデヨ母とやり合ったあとなど、「もう、おたすけには行きたくない」と心に叫ぶ。

けれども、おたすけを外してほかにご用はない。足に重たい分銅《ふんどう》をつけて歩くようなおたすけの日が続いた。

自分で自分の心が恨めしかった。涙が頬《ほお》を伝って、乾ききった道に落ちた。〝今日こそはヒデヨ母の心を立ててあげよう〟と、目をつぶり耳を塞《ふさ》いでやってみたが、やはり駄目。泣き泣きのおたすけが何年か続いた。

しかしそれから数年して、ヒデヨ母とは実にうまくいくようになった。私自身の間違いを心の底から気づいたからである。ヒデヨ母に考え方を改めてもらいたいという心から、私自身が少しでもヒデヨ母の言うままに沿う心にならなければと悟ったのである。その時から、ヒデヨ母が見事に、私への猫可愛がりをやめてしまった。道を通りながら、私自身、真の道を通っていなかったのである。

どんな道もすべて、教祖がのちのちのために下さる宝物ばかりである。私は、これから道を通る人たちに、

「心の曇った日こそ、おたすけにつとめさせていただきなさい。そうするとおたすけ先の家へ入る時、曇った顔で入るわけにはいかず、つくり笑いでもせんならん。また、お話しするうちに自分の心を改めるお取り次ぎをせんならん。しているうちに、だんだん自分自身の反省が強くなるのやから、結局はたすかるのだ」

とも、

「晴れた心の日だけを探していたら、一カ月の間にわずかしかおたすけに出られないやないか」

とも言うのである。

中垣鈴代との結婚

美しい錦鯉《にしきごい》の絵などを表紙にした大教会報をつくるのが、大教会にいたころからの仕事の一つであった。その関係で、よく文具店に用紙を買いに行った。

そのお店に事務員として勤めていた中垣鈴代《なかがきすずよ》と、ある朝、出掛けに、葛城分教会の玄関を出た所でバッタリ会った。彼女が、

「おはようございます」

と声をかけてきたので、私も、

「おはようございます」

と応《こた》えた。同じ方向に乗り合わせたバスの中で、なんとなく二人で肩を並べて座っていた。晴れた四月の空は美しく、雲がかすんで見えた。

「きれいな空ですね。こんな素晴らしい青空の下で、苦しんで暮らしている人もいるし、私のようにこんなに楽しんで暮らしている人もいる。まったく世の中はさまざまですネ」

と、何げなく話したその言葉が、彼女の心に一つの波紋を残したとは、私は露ほども知らなかった。

「また教会へ立ち寄ってくださいよ」

と気軽く声をかけて別れた。

それから数日後、私がおたすけ先から帰ってくると、彼女が訪ねてきたという。

私はあらためて時間を打ち合わせ、彼女と会い、親神様の教えをお取り次ぎさせていただいた。

「この道は日々の理が大切なのです。教会へ日参させていただきなさい」

「ハイ、明日からさせていただきます」

あまりにも素直な返事に、私は内心驚かされた。翌朝から早速、お店へ行く前に参拝に来るようになった。〝ひと月と続くかな〟と思っているうちに、二カ月、三カ月と、一日も休むことなく続いていった。

「何があなたの心をここまで動かしているのですか?」

と私が訪ねると、彼女は、

「私は高校を卒業して文具店に勤めさせていただくようになりましたが、さまざまな人間像のなかに、あまりにも醜《みにく》い姿を嫌というほど見せつけられ、生きていく自信を失ってしまいました。いっそのこと尼になって心の清らかな生涯を送ろうかと、高野山《こうやさん》に登り、お寺の門の前に立ったこともありますが、私が尼になったら、母さんが泣くやろうなあと思い、山を下りてきました。ちょうどそうしたころ、先生とバスの中で出会ったのです。生き生きとした顔で話してくださったあの言葉に、私はこの先生について導いていただこうと、心に固く決めたのです」

と話してくれた。


その後、彼女は別席を運び、ひのきしんにつとめ、おつくしの上にも心を砕き、すべての面で実に素直に、二つ返事で行動に移ってくれた。信じることの強さ、信じることの美しさを、私は彼女からあらためて教えられた。

半年が過ぎた。ある日、ヒデヨ母が、

「勝己、鈴代さんを嫁にもらえ」

と言う。

「エッ！　鈴代さんを？」

おうむ返しに聞いた。

「そうや。お道はな、信仰の熱心な娘を嫁にもらわにゃいかん」

私は彼女を信者という立場で連れて通ってはきたが、「嫁に」と考えたことはなかった。

「嫁さんをもらったら、おばあちゃんは嫁と姑《しゅうとめ》の喧嘩《けんか》をせえへんか？」

と、いつも心にかかっていたことを尋ねた。

「そりゃ、せえへんでー」

「よっしゃ、そんなら鈴代さんに聞いてみる」

早速そのことを彼女に聞いてみた。

「エッ！　私が先生のお嫁さんに？」

とても信じられないというふうであった。

「私はかまいませんが、親は天理教が大嫌いですから、きつう反対すると思いますが……」

「いや、そのことなら心配はない。神様がもらいに行くのやから」

と、私は平気なものである。

それから何日かたって、ヒデヨ母に「今から鈴代さんをもらいに行ってくるわ」と告げて教会を出た。もみじの美しい道を通って御所市佐田《さだ》にある彼女の家を初めて訪ねた。

「何でしょうか？」

出てきたお母さんは、初対面の私の顔をいぶかしげにながめて言った。

「私は名柄《ながら》にある天理教の者ですが、実は、お宅の鈴代さんをお嫁にもらいに来たのです」

「誰にですか？」

「この私に頂きたいのです」

お母さんはひどく驚いたふうであったが、つとめて冷静に尋ねた。

「仲人《なこうど》はどなたですか？」

「仲人は私が兼ねているのです。本人が直接来た方が、よく分かりますからね」

「ちょっと待ってくださいよ」

お母さんはあわてて奥に入っていった。しばらくしてお父さんと一緒に出てきた。

「天理教へは嫁にやれません！」

簡単に断られた。

「あ、そうですか。でもネ、こんないい男を見逃したら損ですよ」

「損でも天理教へはやれません」

「じゃ、致し方ありませんが、この縁談を断られたあとで、鈴代さんが大事を起こしても私は知りませんよ。娘さんが思いつめたら何をするか分かりませんからね」

両親はギョッとして、そばに座っていた彼女に、

「鈴代、まさかおまえ、おかしなことはせえへんやろうなあ？」

と、恐る恐る尋ねた。すると彼女は、

「私は生涯、神様のご用をさせていただきたいと心に誓っています。天理教の教会に行けないのなら、一生独身で通す覚悟です」

とキッパリ言いきった。これにはご両親もたいへん困った様子で顔を見合わせてい

たが、

「そこまで思いつめているとは知らなかった。これじゃ仕方がない。親は反対やけど、やむを得ん。好きにするがええ――」

と、渋々返事をしてくださった。

「じゃ、頂きます。ありがとうございました」

気の変わらんうちに退散と決め込んだ。

教会に帰り、親神様に厚くお礼申し上げ、ヒデヨ母にも報告して寝床に入った。

ウトウトとしかけたころ、

「大変です！　先生、起きてください」

教会の玄関の戸を激しく叩《たた》く音で目を覚ました。鈴代さんとその妹さんが、

「母ちゃんが、母ちゃんが……」

と、息急《せ》き切って言葉にならない声を発している。どうやら私が帰ったあと、ご両親が言い合っている間に、お母さんが倒れたらしい。すぐに親神様にお願いをして飛び出した。

中垣家へ着くと大騒動である。お母さんが布団の上に仰向《あおむ》けになって痙攣《けいれん》し、まったく意識がない。

お父さんが私を見るなり、

「先生、たすけてやってください。お願いします！」

と言う。私は、「おさづけを取り次がせていただきましょう」と言って、親神様に、

「どうかこの病人の身上をたすけてやってください。でなければ、たすけ一条の嫁はもらえませんから」

とお願いして、お母さんの枕元《まくらもと》に座っておさづけを取り次がせていただいた。最後の柏手《かしわで》がポンポンと二つ鳴り終わるとともに痙攣がピタリと止まり、次に、かすかに目を開けた。鮮やかなものであった。

「先生、ありがとうございました。わしが神様のおっしゃることに反対したばかりに、こんなことになりました。先生は家内の命の恩人です。どうか鈴代を嫁にもらってください。どうかお願いします……」

父親は先ほどの剣幕はどこへやら、心から承知してくれたようである。〝親神様

は、実に粋《いき》なことをなさるなあ〟と思いながら彼女の顔を見ると、ニッコリ微笑《ほほえ》みを送ってくれた。私はあらためて彼女に、

「どんな心で私のところへ嫁に来るつもりや？」

と尋ねたら、

「苦労しに行きます」

と簡単に返事をした。私は大いに感動した。まことに奇《く》しきいんねんのつながりである。

昭和三十五年一月八日、大教会長様の仲人で式を挙げた。大教会長様が仲人に立ってくださったことは、私たちにとってこの上ない喜びであった。

ちなみに、一文なしの私のこととて結納金《ゆいのうきん》はなし、鈴代の方も嫁入り道具なしである。蒟蒻《こんにゃく》と竹輪《ちくわ》を盛ってみなさんに陽気に祝っていただき、新婚旅行は四十年後にと、楽しみをあとに残して、第二の人生のスタートを切ったのである。私が二十六歳、鈴代が十九歳であった。

汗と涙の日々

単独布教へ

麦の穂先が出そろうころ、家内は修養科を了《お》えて帰ってきた。それを待ちかねたように、私は単独布教の話を切り出した。布教先は、ヒデヨ母の生まれ故郷・愛媛県今治市《いまばりし》と決めていた。家内はあまりに突然のことで、よく話の意味が飲み込めないらしく、ぽかんとしていたが、しばらくしてから、やっと口を切った。

「人だすけのためやもの、行ってください。でも、いつ帰ってきてくださるのですか?」

「それは分からん……」

「じゃあ、私はどうなるのですか?」

「この教会でつとめておってほしい。私は人だすけに命をかけている。これが今生の別れとなるかもしれない。あとは親神様まかせやからなあ」

私は言葉を区切り区切り、力強く言った。聞いていた家内の目から涙が止めどなく膝《ひざ》に落ちた。無理もない。初めてお道の話を聞いて半年を経たばかりで、一月に結婚し、すぐ二月から修養科に入り、五月の初めに帰ってくると、こんどは夫が布教に出るという。それが今生の別れとなるやもしれんとくるのだから、泣けてくるのも道理である。しばらく泣きじゃくっていたが、私はそれを断ち切るように、

「もう泣くな。わしの念願の布教の門出に足が鈍るやないか!」

「ハイ、もう泣きません。気をつけて行ってください。でも、大阪港まで見送らせてくださいね」

と、私の顔をうらめしそうに見上げた。

「いや、泣き顔で見送られたらたまらんから、見送らんでもええ」

「頼みます。決して泣き顔は見せませんから見送らせてください」

「本当やな！」

と念押しして、話は決まった。

いよいよ待望の布教に出る日、六月十五日の夜、大阪港から関西汽船に乗った。船手には小さなトランクとボストンバッグだけという、実に身軽いものであった。船が桟橋《さんばし》を離れる時、

「身体《からだ》に気をつけてくださいね……」

と、つぶやくように言った家内の顔が、まるでテレビの画面が崩れるように、目も鼻も口もぐしゃぐしゃと押し潰《つぶ》された。泣かなかった。涙もこぼさなかったが、それ以上に、私の心に切ない思いが押し寄せてきた。家内はいつまでも桟橋に立ちつくしていた。

「これが今生の別れとなるかもしれない」。こんなむごい言い方があろうか？　言うべきではなかった。結婚した翌日にも、「おまえに言っておきたいことがある。私にとっては、おまえも大切やが、教祖《おやさま》の方がもっと大切なのやで。これだけは心に治めておいてくれるように」と告げたら、「分かっています。そうだろうと思って

いました。けれど、もう言わんといてください……」と泣いていた。本当にむごい夫である。

鈍い汽笛を響かせて、船が白波を立て始めた。目頭が急に熱くなり、ドッと涙があふれ出た。

「鈴代、許しておくれ。無慈悲な私を許しておくれ！」と暗い波間に叫んでいた。思い切る時の切なさは誰にだってある。切ない思いをお供えすると、思い切れる。私の生涯に何よりも優先する思いは、苦しんでいる人たちを救う世界たすけの道であり、ひたすらに存命の教祖を見つめたかったのである。

歩く毎日

朝もやの煙《けむ》る中、船は今治の港に入った。右手に近見山《ちかみやま》がかすんで見え、左に桜井《さくらい》の砂浜が続いていた。

「あの山の麓《ふもと》で出直すかな。それとも、あちらの浜辺になるやもしれん……」と、はや出直しの覚悟であった。船を下りてまず、ヒデヨ母の遠縁に当たる正岡時《まさおかとき》さんの家に荷をおろした。

到着の挨拶《あいさつ》をして、すぐ表へ出た。「右か左かどちらに……」と思った。左に人の姿を見た。身体は左を向いて歩き始めていた。

川の堤防を歩いていたら、向こうから乳母車《うばぐるま》を押してくるおばあさんが目に入った。

「おはようございます。おばあさん、この近所で病気をしておられる人がいるでしょう。教えてください」

まことに単刀直入である。

「エッ？　ああ、この下の家に長く休んでおられる病人さんがいますけど……」と不安そうに教えてくれた。「どうも……」と言うなり、その家へ飛び込んでいった。

こっちは食うか食われるかの真剣勝負である。

「こんにちはー」

娘さんが出てきた。

「どなたですか？」

「私は人をおたすけして歩いている天理教の者ですが、長く患って寝ておられる人がいると聞いたので、おたすけに寄せていただいたのです」

「天理教ですか。ちょっと待ってください」

と言いつつ、娘さんは奥に入っていった。私も急いで下駄《げた》を脱いで、そのあとについていった。「どうぞ、上がってください」という言葉は私には不必要であった。病人は、その娘さんのお父さんである。

「やあ、長く休んでおられて大変でしょうね。天理教の親神様がたすけてやろうとおっしゃるのですから、もう大丈夫、治していただけますよ。さあ、拝ませていただきましょう」

と一息に言うなり、柏手《かしわで》をポンポンと打って始まった。断る余裕も何もあったものではない。おさづけを取り次ぐ声がりんりんと部屋に響くとともに、私の目から大粒の涙がパラパラとこぼれた。〝おさづけを取り次がせていただけた。拝ませていただけた〟と万感胸に迫り、最後の柏手とともに、

「ありがとうございました。ありがとうございました」

と、その病人さんに何回となくお礼を申し、スーッと立ち去った。「天理教さんならもう結構です」という声を聞く間もないくらい、まことに風の如《ごと》しである。

これが私の布教第一日目の記録である。

眠りから覚めたような可愛《かわい》い犬が、きょとんと座ってこっちを見ている。私はなるべく音のしないようにソーッと家を出る。朝六時、シーンと静かなコンクリートの道を、カタカタと小さな下駄の音を残して私は歩いていく。単独布教に出て二十日目である。

布教とは歩くこと、それしかない。それでいいのやと思う。教祖から頂いた『おふでさき』を片手に持って、ときどき開いて一節を読み、何十ぺんもそのお歌を心の中で繰り返す。

とん〳〵ととびてる事をみたとても
心あんちハするやないぞや
（十二号　56）

このお歌を口ずさむのが、とても好きであった。心に何も持たず、とんとんとんと歩けば、とんとんと理が飛び出てくるのやと悟り、歩いた。

歩いても歩いても何も現れない日が続いた。何もできないのやから、せめて背中の天理教を看板代わりにと、ハッピを着て歩くことにした。その後、約三年間はハッピを離した日はなかった。夜の九時ごろまで歩くのが私の日課である。心に一番恐ろしかったのは「休むこと」である。一日休んだら、あと何日も心が勇まず、動けなくなってしまう。一日の休みが命取りになる。布教でこれほど恐ろしいことはない――。

歩き疲れて石に腰をおろした。「今ごろ、鈴代はどうしてるかな」と思うと、寂しさが身体中を駆け回る。そして「こんな当てのない、心のこもらないにをいがけに、ただおろおろと歩いているだけで、なんの意味があるのやろう?」とも考えた。一瞬、言いようのないみじめさを感じ、ハッと我《われ》に返り身震いした。足元に生えているかやんぼの草の葉をピッと手折ったら、指の先がスーッと傷つき、血が小さく吹き上がった。「教祖、すみません」と立ち上がった。考えたら動けなくなってしまう――。

「道は、首から上はいらん。首から下で動き回ればいいのや」と、自分自身に言い聞かせて、毎日毎日ひたすら歩いた。一日も休まず歩き通し、一カ月歩き回ったら、新品の下駄のハマが見事に減って板のようになった。その板になった下駄を捨てるのがもったいなくて、きれいに洗ってお礼を申し、今も大切に持っている。

どれだけ隅《すま》に居《い》ても蔭《かげ》に居ても、天が見通しという。

（おさしづ　明治32・8・5）

と仰せられている。誰が聞いてくれなくても、何のお役に立てなくても、人たすけたい心の理で歩いた。「今日の一日は、親神様が見通して天の帳面につけてくだされている。バカらしいことを平気で何年も続けられるようになったら、布教は生きる」と、自分自身に言い聞かせながら歩いた。

三畳の神殿

真宗の熱心な檀家《だんか》であるT家の老婦人ににをいがかかった。毎日毎日おたすけに通った。大変喜んでくださり、長年の患いのリューマチの痛みも和らいだ。

十日ばかり過ぎたころ、「明日からもう来ないでください」と、あっさり断られた。

「なんとか続けさせていただきたい」と懇願《こんがん》したが、けんもほろろに天理教をこき下ろされて取り付く島もなかった。自分の届かなかったことをお詫《わ》び申して玄関を出た。

田んぼの畔道《あぜみち》を歩きながら、「これでいいのや」と自分に言い聞かせた。ところが、帰ってゆく私の後ろ姿を、その家の若奥さんであるTさんが見ていて、「あれだけ毎日心を尽くしてくれた人をポイと投げ出してしまって、すまんことや。私がお母さんに代わって信仰をさせていただこう」と心を定めてくださった。

Tさんの信仰は、ひたむきな真実なものであった。私はある日、Tさんにアパートを借りる相談をした。

「人だすけのお手伝いをさせていただきましょう」

Tさんは三畳のアパート代を快く出してくださった。私はそれを押し頂いて、布教二十五日目におたすけ場所を一戸構えることができた。

すぐに家内を呼び寄せた。生涯の別れになるやしれん人と、いかにも早く、三十日ぶりに親神様は会わせてくださった。船着き場に出迎えた私は、鈴代の顔がなぜかまぶしく輝いているように見えた。

「さあ、これから夫婦そろうてひのきしんや。本式にやるぞ！」

私は家内の手を引いて、素敵な私の布教所へ案内した。鉄の階段をトントンと二階へ上がると、可愛い扉の前に立つ。いかにも新しい、「天理教今治布教所」と大きく書いた紙の表札が目に入る。中に入ると、まったくの三畳で、背の高さぐらいの所に小さな窓があり、部屋の中をうっすらと照らしていた。

一間《けん》の押し入れを開け放して、正面に親神様をお祀《まつ》りさせていただいていた。三畳ではあったが、広々としていた。一枚の毛布と鍋《なべ》と茶碗《ちゃわん》が全財産であったから、三畳の部屋はそのまま使うことができた。神殿兼応接間兼食堂、そして寝室、なんでも兼用してくれる素晴らしい部屋である。

家内が来る少し前のことである。ときどき参拝に来ていたOさんが、「先生、お昼の用意を私がしてあげましょう」と言うので頼んだ。

「先生、何を炊くのですか？」

「神様のおさがりの菜の葉を炊いてください」

「醤油《しょうゆ》はどこ？」

「ありません」

「油は？」

「ありません」

「じゃあ、どうするんですか？」

「私が作りますから見ててごらんなさいよ」

と言って、菜の葉を手でちぎって鍋に入れ、火を小さく小さくしたガスにかけた。しばらくすると、菜っ葉が汗をかき始める。それにおさがりの塩をパラパラふりかけて、食事が出来上がった。

「さあ、食べてごらん。おいしいですよ」と二人で楽しく頂いた。Oさんは口の中でしばらくモグモグさせていた。何一つなくても、どんなに狭くても、野宿で過ごした私にとっては、まさに天国のような素晴らしい三畳の間であった。

この天国に初めて足を踏み入れた家内に、「素晴らしい所やろう？」と急《せ》き込んで尋ねると、

「本当に素敵ですね。部屋も素敵やけど、あなたのそばに来られて、とっても嬉《うれ》しいです……」

と、私の胸に顔をうずめて、いつまでも泣きじゃくっていた。私も涙もろいが、家内の泣き虫も天下一品で、その後も嬉しいにつけ悲しいにつけ、よく泣いた。

私たち夫婦の新婚生活はここに始まり、そのままそれが布教へのスタートでもあった。それはまた、燃え盛る炎のような活動への出発でもあった。

長男の誕生

真夏の太陽がギラギラ輝く七月の暑さは、見知らぬ土地で布教する私たちにとっては強烈で、日陰を求める所もなく、みるみるうちに真っ黒なハッピに汗の塩で白い模様が浮かび上がった。

家内は、この時すでに妊娠五カ月であった。

家内が今治へ着いて一週間目に、私は交替のように修養科生を一人連れておぢば帰りをした。さらに少年会本部のご用をさせていただいていた関係から、「こどもおぢばがえり」のやかた講話の講師として、引き続きつとめさせていただくことになった。

この間、二十日余りは、家内にとって死闘のようなものであった。修養科を出ただけのこととて、誰にどうお話を取り次ぐすべもなく、歩くだけのにをいがけよりほかになかった。さりとて誰一人、食べ物を持参してくれるような信者さんもなく、頼るべき夫はおらず、仕方なく数日は水ばかり飲んで過ごしたという。

「ある日のこと、私はぶらぶら歩き続けているうちに、とうとう気を失ってしまったのです。どのくらいたったでしょうか、ふと目が覚めてみると、頭の上に満月が輝いていました。太陽が沈み、月が上がるまでの長い時間、鉄道のそばに倒れていたのですね。それから這《は》うようにして三畳の布教所まで帰ってきて、初めて私は、お腹《なか》に赤ちゃんがいるのやったと気づいたのです」

おぢばから帰ってきた私に、ポツリポツリと報告してくれた。

妊娠中だからといって、栄養になるものは何一つなかった。

「せめてこのおさがりの、おジャコを食べなさい」

と言うと、

「あなたこそ頂いてくださいさい。私の倍以上も歩き回られるんですから……」

と口に入れなかった。

秋が来て、家内はお産をするべく奈良県にある葛城《かつらぎ》分教会へ帰った。しかし、ここでも心ゆるめることなく、金剛山《こんごうさん》から吹き降ろす寒風の中、布教中の主人と一緒に頑張るのやと、風呂《ふろ》にも入らず、食事はお粥《かゆ》と漬物のみで過ごしたという。

そんなころ、私と家内は三日にあげず手紙を交わした。ある日の便りに、

「私が一人、お教会でご神饌《しんせん》のおさげをさせていただいていましたら、玄関の戸が開き、若様（中山善衞《なかやまぜんえ》三代真柱様）が、ご随行の上田嘉成《うえだよしなる》先生とご一緒に入ってこられ、参拝をされました。私はどうしたらいいのやら、突然のことでオロオロしていましたら、若様が、

『主人はどうしてるのや？』

とお尋ねくだされたので、

『ハイ、四国の今治に単独布教に行っております』

とお答えいたしました。若様は、

『そうか、ご苦労さんやなあ』

とおっしゃってくださり、さらに、私の大きなお腹に目を留められ、

『身体に気をつけや』

と、言葉優しくいたわってくだされました。そして、すぐお車に乗ってお帰りになられましたが、私はただただもったいなくて、いつまでも若様のお車の去った方を伏し拝んでいました。この嬉しかったことを、早くあなたにお知らせしようと思ってペンを持ちました……」

と記されていた。私は「ご存命の教祖が、私たちのような届かん者に、道のり何百キロ隔てた所までご守護くだされているのやなあ」と、飛び上がるほど嬉しかった。

その年の十二月十四日、元気な産声《うぶごえ》を上げて長男が誕生した。食べたり食べなんだりだったにもかかわらず、長男は四キログラムもあった。丸々と太ったその顔は、親神様に守られているそのままの姿であった。

長男を取り上げてくださった助産婦さんは、「今まで何百人という赤ちゃんのお

産に立ち会ったけれど、こんな楽なお産は初めてや。やっぱり信仰の素晴らしさですね」と、をびや許しの理の不思議さに感動し、そのあとすぐにおぢば帰りをして、別席を運んでくださった。

　長男の誕生について、私は妊娠中から、

「最初の子は心の優しい男の子を産むのやで。それも、お道の好きなよふぼくを産むのや。名前は、ヒデヨ母のヒデを頂いて、〝秀人《ひでひと》〟とつけておいてやろう」

と言うていた。

　その後、五人の子供が生まれたのであるが、全部、妊娠だと分かったらすぐに

「今度は女やで。性格はこんなんやで。名前はこれや」というふうに、私は家内に言っておいた。また、ものの見事に教祖は、心どおりのご守護を下された。秀人をはじめとして、早苗《さなえ》、英治《えいじ》、雅乃《まさの》、洋志朗《よしろう》、真紀《まき》と、男、女、男、女、男、女と、六人のお道の大好きな子供をご守護いただいたのである。

　お借りしている身体の自由《じゅうよう》の喜び、すべてが思いどおりになってくる自由の楽しさは、みんな自分の心から生まれ出てくるものでしかないということを、しみじみ

と味わわせていただいたのである。

おぢば帰り

緩《ゆる》めば枝が枯れる、枝が枯れたら葉が落ちる、芽が枯れる。（明治30・2・19）

おぢばは根、おぢばから離れたら、根を切るようなもので、道の芽が吹くはずはないと思う。

単独布教の始めのころ、毎日のように川に沿って歩きながら、「教祖、毎月おぢばへ帰らせてください」とお願いした。やがてその日が来た。家内に「おぢば帰りの船賃をくれ」と手を出したら、「今、持ち合わせがないんですが――」と言う。

「じゃあ、かまわん。わしは歩いてでも行く」

「海はどうしますの？」

「そんなもん、泳いで行くからええ」

「ちょっと遠すぎますよ」

「それでも行く」

と家を出かけたら、「まあ、ちょっと待ってください」と家内は質屋へ走っていった。戻ってきた家内は、

「これを持っていってください」

と、片道の旅費を手渡してくれた。

「これじゃあ、今治に帰ってこれんぞ」

「ぜいたく言わないで。帰りの分はご守護いただいて帰ってきてくださいね」

片道の切符を持った私は、関西汽船の甲板で、家内は桟橋で手を振る。まだ力になってくれるような信者さんもなく、全くの文無し時代であるから、私の留守中が大変である。「わしの帰るまで元気でおってくれよ」とつぶやく私と、「ちゃんと帰ってきてね」と目をうるませている家内……。

それからあとも今まで、ひと月もおぢば帰りは欠かしたことはない。台風のときも、「船が沈んでもわしの心は止められん」とおぢばへ向かったが、船は出たものの風が強く、途中の小さな島で止まってしまったこともあった。現在では長年の念願がかなって、夫婦がそろって毎月おぢばへ帰らせていただいている。

ひながたを通って

ブーンとやぶ蚊《か》がおでこにとまる。全く攻撃的ですさまじい。

最初の三畳の布教所から半年ほどして移った二度目の布教所は、並木通りという名のとおり松並木の美しい所で、玄関を出るとすぐ前に、今治で最も大きな蒼社川《そうじゃがわ》の流れが目に入る。時には何もかものみ込んでしまいそうな大水を出すことがあるが、普段は綺麗《きれい》な砂場をあちこちに残し、静かな水の流れは十分に自然の豊かさを味わわせてくれる。そこの草むらで育った勇ましいやぶ蚊が、夏ともなれば容赦《ようしゃ》なく飛び回った。

私はふと、教祖のことが心に浮かんだ。家内に、「今晩は蚊帳《かや》を吊《つ》らんでええよ」と言った。

「なぜですか？」

「あのな、教祖は夏になっても、吊るに蚊帳もなかったということや。私たちも一晩ぐらいは蚊帳なしでやすませてもらおうやないか」

「それじゃあ、蚊取り線香でもつけましょうか？」

「けれどなあ、教祖伝の中に『夏になっても吊るに蚊帳なく、だが蚊取り線香はつけてやすまれた』とは書いてなかったやろう。だから蚊取り線香もいらんのやで」

そこで蚊帳も吊らず、線香もたかずに寝た。これを知ったのか、来るわ、来るわ、ワーンとうなり声を上げて蚊さまがやって来た。パチンパチンと蚊のとまった辺りを叩《たた》くが、眠たくなってきたら全くあてずっぽうで、ほとんど的外れがいいところである。朝起きてみると、まだ生まれて満一歳にもならない秀人は、あちこち刺されて、そのあとが親指ぐらいにふくれ上がって痛々しい。

「今晩はどうしますか？」

「いや、二日ぐらいはひながたを味わわせていただこうや」

その晩は、自分のおでこより秀人をと、心を配りながら、さらに自分の顔もパチンパチンと、まるで蚊との闘いである。

続いて三日目の晩、「今日は吊りますか？」と家内が聞くのに、「いや、ものは三日と言う。三日ぐらいは切ない思いをさせていただいてこそ値打ちがあるのや」と頑張った。

さすがに三日目になると睡眠不足が重なって、この上なく眠い。眠いのと秀人への不憫《ふびん》さが交じり合って、たまらなくなってきた。その時、蚊帳も吊られずにおやすみになった教祖のお姿が瞼《まぶた》に浮かんでは消えた。私らは、たった三日でこんなにかゆくてたまらない思いをしているのに、教祖は長い間、さぞかしかゆい思いをされただろうなあ、という思いが胸を駆けめぐった。

「教祖！　教祖！」

目頭が熱くなり、涙がツウと走った。

夫婦そろうて

カッと照りつける真夏の太陽は、空《す》きっ腹の私にも容赦なくジリジリ照りつける。自動車の巻き上げる砂ぼこりと汗とが混じり合って、頬《ほお》がザラザラする。〝鈴代は今ごろ、どの辺を歩いているのかなあ〟と思いを馳《は》せながら、遮二無二《しゃにむに》にをいがけに駆け回った。まだ夜の明けやらぬうちに共に家を出て、西と東に別れて歩き始める。そして、お星さんを頂いてから帰ることを心に定めていた。

ひと足先に帰った私に続いて家内が帰ってきた。

「今日はにをいがかかったのか？」

「いいえ、誰も聞いてくれません」

「おまえ、ハイキングしているのと違うのやで」

「はい、分かっています」

「分かっているだけじゃ駄目だ！　もう一度行ってこい！」

私は大声を上げていた。生まれて間もない長男を背に負うて、早朝から一日中歩き回り、昼食抜きで十分な乳も出ず、やっと帰って子供を背から下ろそうとしたら私から怒鳴られて、「では行ってきます」と、下ろしかけた長男をまた背中にかき上げた。ふと見ると、家内の背中は真っ赤にただれ、長男のお腹もアセモでいっぱいになっている。毎日毎日背負うて歩き続けたためであろう。「もう行かんでよい」と言おうと思った時、家内はすでに表に飛び出していた。続いて私も表へ出た。

夜のとばりが下り、すでに外は真っ暗である。コトコトと下駄の音をさせて遠ざかっていく後ろ姿を見送り、〝鈴代、許してくれ。仕込まれるおまえもつらかろうが、仕込むわしはもっとつらいのや。やがての日のために元気を出せよ〟と手を合わせて、いつまでもそこに立ち尽くしていた。

また、冬の寒さも、薄着の私たちには厳しかった。薄暗くなって帰ってきた家内が、いつまでも神様の前に座って動かないので、

「何してんのや？」

と声をかけた。振り向いた顔に二筋三筋、涙が伝っている。

「何が悲しいねん？」

「今日はものすごい吹雪で、秀人のおしめを替えてやろうと思って方々探したけど、どこにも替えてやれる場所がないので、石の上に寝転がして替えたんです。そしたら、寒くて火のついたように泣きますねん。私はどんなに寒くても我慢しますけど、秀人が可哀相《かわいそう》でなりません……」

と、また泣きだした。

「バカモン！　赤ちゃんは泣くようにできとるのや。温かい家の中でポカポカした

おしめを巻いてやりたいとでも言うのか！　秀人を病気にしたいのなら、明日から出ていくな！」

と決めつけた。決めつけながら、不憫《ふびん》な思いが胸の中を駆けめぐる。そのころは、まだ信者さんといっても数少なく、立ち寄っておしめを替えさせていただく家もなかったのである。だから家内はよく、背に子を負い、お腹には次に巻き替えるおしめを温めながら歩いたものである。それが精いっぱいの親心であろう。家内はこの時まだ二十歳であった。

「この道は、可哀相だとか、不憫だとかいう感情で通れる道ではない。どれだけ大声を上げて泣いても、死にかけている人がたすかるか、考えてみよ！　感情を捨ててしまえ。今日歩かせていただいている道が、どんなに素晴らしい種になっているか、今に分かる。泣きたい時は大いに泣け。それでいいのや」

と、繰り返し繰り返し諭した。

　灼熱《しゃくねつ》の夏が過ぎ、吹雪の冬が終わると、四国にも芽生えの春が巡ってきたが、家内のにをいがけは一向に芽が吹かず、顔にあせりの色が見えてきた。

「おまえ、このごろ勇んでいないなあ」

と言うと、

「全く勇めません。一年過ぎた今もって、誰一人、神様のお話を真剣に聞いてくれる人もなく、それに、私の心に『人をたすけたい』という真剣な思いが、あなたのように湧《わ》いてこないのです。全く駄目です……」

と、しょげ返っている。

「それでええのや。古井戸でも初めは汚れてきたないものや。そんな井戸でも、汲《く》んで汲んで汲みきったら、美しい清水の湧《わ》き出る井戸に変わるのや。わしも初めは自分のことだけしか思えなかった一人や。だんだん人だすけする心が育ってきたのや。おまえも今にそうなれる。気長《きなご》うやれ！」

と励ましつつ、布教二年目を迎えた。

　家内は神様の前にうずくまって、毎日のように泣いた。「おまえ、泣くのはいいが、一カ所で泣くと涙で畳が腐る。移動して泣け！」と言うと、本当に横ずさりしながら泣いていた。道の理を聞かせていただいて一年足らずで夫が単独布教に飛び出し、明けても暮れても仕込み通される日々は、苦しみを超えて、私の顔が赤鬼に見えたという。

どんよりと曇り、なんとなく重苦しい日であった。突然、家内が私に「里へ帰らせてください」と、思い詰めた表情で言った。

「里へ帰る？」

「別れさせてください！」

「おまえ、嫁に来る時、苦労しに行きます！　と言ったのを忘れたのか」

「こんなにひどいものやとは思いもしませんでした」

「もう駄目か？」

「一歩も歩く気がしません」

「歩かん布教師を布教所へ置いておくわけにはいかん。それなら致し方ない。里へ帰れ！」

「長い間、心配ばかりかけてすみませんでした」

「本当にご苦労やった。気をつけて帰れよ」

一歳を過ぎたばかりの秀人を連れて、玄関の敷居を跨《また》ぎかけた。

「おまえ、秀人を置いていったらどうや。おまえはまだ年も若いのやから、今度はもっと楽なところへ嫁に行き、幸福になってくれ。私はおまえを嫁にもらった時、『鈴代を必ず幸福にしてみせる』と心に誓っていた。しかし今、それがかなわんとすれば、私は決して再婚せず、秀人をおまえやと思うて立派に育ててみたい。もしおまえが再婚して、夫婦で歩いているところに私が出会っても、『幸福になってくれて良かったね』と、心の底から言えるだろう。私はこれでいい。おまえさえ幸福に暮らしてくれたらいいのやから……」

と、ここまで話した時、家内は再び踵《きびす》を返して戻ってきて、私の前で泣き伏した。そして、

「そんなにまで私のことを思っていてくださるとは思いもせず、ついつい厳しいことだけに心がとらわれて、つらい思いをかけてすみませんでした。許してください。これからは決して帰るとは言いません」

と言った。あらためて心が定まった。〝本当の愛とは、相手のためにひたすら尽く

して尽くして尽くしきるだけで、何一つ自分に求めるものがない姿を言うのやなあ〟と悟り得たのも、この時であった。

住み込み人への心遣い

それからしばらくして、小学校五年生になるY君という男の子を預かった。私は家内に、「Y君はおまえの実の子やで！　昨夜お腹に入って、今朝《けさ》生まれ出たのやで」と言った。

「そう思ってお世話すればいいのでしょう?」

「いや違う。そう思って、やない。真実のわが子やという心を定めにゃならんのや」

「そんなん、すぐにはそう思われません。それなら時間を下さい。頑張ってみます……」

「よし、やってみい。頼む」

と約束して出発した。しかし、現実にはそう簡単に、わがお腹を痛めて産んだ子のようにいくものではなかった。長女が生まれて間もない日、Y君の布団のシーツがずいぶん汚れている。

「おい、このシーツの汚れはなんや！」

「産後のことで、洗濯もできなかったんです」

「言い訳を聞いているのやない！　わが子ならお産をする前に、ちゃんと洗って奇《き》麗《れい》にしておくであろうが！」

「…………」

だんだんと厳しい仕込みを聞いていた家内が、急に後ろに倒れた。駆け寄ってみると、焦点の合わない目が空《くう》を見つめている。〝これはいかん！〟と思ったが、あとの祭りである。

それから三日間、家内は眠りもせず、食事も取らず、泣いている長女にお乳を飲ますことも知らずに過ごした。産後すぐの厳しい仕込みに、頭に血が上ったのである。三日目の夜、私は神様に、

「誠に申し訳ないことをしました。お許しください。しかし、お預かりしている大

切な子供のために仕込んだ上のこと。このまま生涯、気が変になったままでも大事にして通ります。しかし、家内が不憫でなりません。万一お許しいただけるものでしたら、今後、私の我を捨てさせていただきますゆえ、正気に戻してやってくださいませ」

とお願いした。おさづけが終わってしばらく過ぎて、ふっと正気に戻った家内は、

「私は今まで何してたんですか……」

と、脅《おび》えたような目をしていた。

それからあとも、食べ物につけ、学校のことにつけ、友人のことにつけ、何十回となく、「それでわが子と同じ心遣いと言えるのか」と繰り返した。繰り返されるたびに家内は苦しみあがいたが、わが子という三文字への挑戦は、凡人には不可能のように思えた。

一年が過ぎ、二年目の秋が来た。はや肌寒さを覚えるような朝、

「あなた、できましたよ！　できましたよ！」

と、家内が私のそばへ走り込むように座った。

「何ができたのや？」

「Y君と秀人と、同じ思いでパンを半分に分けてやれました。同じ心で与えたんですよ」

と、感激に頬《ほお》を紅潮させて早口に言った。

「そうか、よくやったなあ。ありがとう。お道の宝を、やっとわが心に頂いたのやなあ」

いつとはなしに、私は家内の手を両手で固く握りしめて胸を震わせていた。

初代真柱様の「人の子も我が子も同じ心もて　おほし立ててよこの道の人」とお教えくだされたその思いが身にしみ、今、私たち夫婦がその親心を頂いたのである。

〝可愛い〟という心なくして子供は育つものではない。〝可愛い〟という心は親が持つ当たり前の心であり、道の子を育てる唯一の宝である。この宝なくして道の子は育たない。それは決して難しいものではない。わが子にふだん使っている心を、そのまま人の子の上に使わせていただいたらいいのである。

ある晩のこと、寝床に入ってから家内が、

「ちょっとお願いがあるのですけど……」と耳元にささやくので、「なんや?」と尋ねると、「住み込みさんの数を調節してほしいのですが」と言う。

「それはできんなあ。わしは困っている人を見ると、すぐ布教所に連れて帰ってくる癖があって、この癖は直りそうもない。まあ十分なにをいがけも、満足なおたすけもようせんのやから、住み込みさんの多い上での苦労ぐらいはさせてもらえよ」と、天井を向いたまま話したら、「ハイ……」と涙声が返ってきた。

満足にお金も渡さず、また「信者さんの家に山積みに芋が転がっておっても、欲しい顔をするな。欲しい心は持つでない」と言い、住み込みさんが朝食を食べなければ、「なぜ機嫌をとって食わさんのか」と叱《しか》る。「おかずが気に入らないと、食べてくれんのですが……」と言う家内に、「理屈を聞いているのではない。食べんのを食べていただく心づくりをせんか！」と、言い訳を許さない。住み込みさんに手を合わせて「食べてね」と頼んでいる姿を見ることも、たびたびである。

また、ノイローゼの娘さんは、冬だというのに布教所の前の大川の中へ入っていく。連れ戻そうとすると、さらに深みに逃げていく。それを追っかける。真っ昼間のこととて、何事かと近所の人が目を丸くして見ているようなことが明けても暮れても続き、息つく間もないのが事実であった。

ある時など、住み込みさんに酒の勢いで尻を蹴飛《けと》ばされたと、青ずんだ所を見せていた。しかし、「にをいがけも満足にできん者が！」と叱る言葉に反発する言葉も押し込められ、泣き寝入った横顔を見ては、さすがの私も、もらい泣きをして枕《まくら》を濡《ぬ》らしていた。

「教祖よりつらい道を通ってはいまいが……」

この当時、私はこの繰り返しより、ほかの言葉を知らなかった。

最近は、いつ知らぬ間に大きくなったわが子に悩まされ、苦しんでいる親があまりにも多い。

「先生、私の子は大酒は飲むし、働かへんし、パチンコが好きやときてますねん。それで私がちょっと注意すると、暴れまわって乱暴しますから話もできず、ほとほと困り果ててますのや。どうしたらたすかるのか教えてください」

と私に聞く。その返事はいたって簡単である。

「私が、その子をしばらく教会で預からせてもらう。そしたら、あんたがたすかるやろう」

「あんな子でも預かってくださるんですか？」

「あんな子やから預かるのや。たとえば、わが子五人おってやなあ、四人まで良い子で一人だけ悪い子がいたら、その親は、四人の良い子は気にならず、たった一人の悪い子ばかり気にかかるのが真実の親の姿やで。親神様も〝あんな子が〟という子供が気にかかっておられるはずや。そやから私が預かって帰って、〝あんな子をこんな良い子に〟と言われるまで丹精させていただくのが私の仕事やから、それでいいのや」

「そうですか。それじゃあどうぞ、うちの子を教会に住み込ませてやってくださ い」

「よっしゃ、引き受けるで！　しかしな、家にうるさい者がおらなくなって、やれやれだという安気な心は持ったらいかんで。あんたがしっかり教会につとめるのやで。人だすけの上に苦労させていただくのやで」

「そりゃあ必ずさせていただきます。先生にだけ苦労させて、ほっとけません！」

「その心、忘れんようになあ――」

と、だめ押しをしてから子供を教会へ連れて帰ってくる。なかには「教会には行かん！」と突っ張る子がいるが、親が伏せ込みを長く続けると、「あれ？」と思うほど簡単に教会へすべり込んだ例が多いのである。

三畳の間にいたころは私の横で寝かしたり、並木通りの教会では神殿でやすませたこともある。衣・食・住はその人間について回るもので、住み込み人が多くなったらなったで、衣・食・住のお与えも俄然《がぜん》多くなった。

住み込み人の中には、必要以上に会長夫婦の手をわずらわす者もいた。私たち二人とも、おたすけに出ることもならず、付きっきりでノイローゼの人の世話をさせていただくこともあった。しかし、それがそのままおたすけにつながっていたのである。

かつて教会に住み込んでいた人たちが、教会を懐かしんで、今もってわが家のごとく教会に帰ってくるのが私たちの楽しみである。住み込みさんのおかげで私たち夫婦は、どんなにか苦しみもだえて、また、どんなにか大きく心の成人をさせていただいたか、計り知れない。

住み込みさんのいる布教所、教会は、にぎやかで楽しい。いまでは〝教会は親神様がご主人で、会長である私も教会に住み込ませていただいているのや〟と、いつも心に言い聞かせている。

不思議なことに、最初は身上《みじょう》、事情の方ばかりが住み込んでいたが、最近では、道一条を志す若者たちが住み込んで、単独布教への口切りはいつごろかと待ち構えている。その顔ぶれを見ると、愉快でもあり、私の心も勇まずにはおれない。

真実の歩み

久しぶりに風邪をひいて休んでいた私の前に家内が座り、「長い間すみませんでした……」と、何かを思い詰めたように言った。「どうしたのや?」と尋ねると、「私は何を考えても、何をしても、親神様の思いと反対のことしかできず、人だすけどころか夫であるあなたの心さえ苦しめ、おたすけに進まれる足を引っ張ることしかできません。といって、あなたと別れて帰る気もありません……。本当に本当に届かなかった私を許してください」

と、そこまで言うと、はや涙である。

しばらくじっと座っていた家内が静かに立って、そのまま下の部屋へ下りていった。私は夢を見ているような呆然《ぼうぜん》とした心地でその言葉を聞き、そのありさまをぼんやり眺《なが》めていた。結婚して三年、過ぎていった激しい日々が走馬灯のように浮かんでは消えた。

「常識的なことばかり考えてどうするのか、人間くさくてならん。理に立ち切れ！理の道でなければ末代たすけられる道は生まれてこないのや」

「よふぼくらしい食べ方をせよ。着方をせよ。道歩いても、わがことを思わず、人をたすける心で歩け」

事あるごとに徹底的に仕込み続けた。身も心も疲れ果てて、くたくたになった家内をそこに見る思いがした。

寝床でしばらく目をつぶっていた私の脳裏に、鋭い戦慄《せんりつ》が走った。〝ハッ！〟と何かに憑《つ》かれたように立って、下の部屋へ下りていった。

家内は秀人を胸にしっかり抱いて、眠りにつき始めていた。枕元《まくらもと》に睡眠薬の瓶《びん》が転がっていた。〝今ここで家内を殺したら、犬死にさせるようなものや！〟

「鈴代、おまえはいよいよ自分の足らんことが分かったのか！」

「もう何も言わんでください。このまま眠らせてください……」

「いや、眠ってはならん。自分の愚かさが腹の底から分かった時に、真実の道への踏み出しができるのや！」

「もういいのです。このまま死なせてください」

「死んだと思うて、もう一度だけ、もう一度だけ教祖にすがりつくのや。今日から本当の道が始まるのや。飲んだ薬を出してこい！」

激しく急《せ》きたてた。一瞬、家内の目がカッと開いた。私はさらに「出してこい！」と重ねた。

「ハイ……」

家内は立ち上がって便所へ走った。「ゲー、ゲー」という声を何度も聞きながら、私は秀人を胸に抱きしめた。「悪い父ちゃんやなあ！　かんにんしてやー」と、涙ながらにつぶやいていた。ちょうど布教に出て三年目であった。

その時を境にして、家内の真実の歩みが始まった。三年千日の道は御教《みおし》えどおりであった。

三年の峠の道を命かけ、心も身をも傷だらけにて――

と、その日の日記に記している。

このことを自転車にたとえて思うのである。

幼いころ私は、自転車の練習をしてよく転んだ。時には、高い岸の上から転がり落ちて、谷川の中へものの見事にひっくり返ったこともある。また、少し上手《じょうず》になって広い県道を走り始めた時、数人のおばさんたちが道普請をしているところに出くわした。ブレーキをかけたら止まるのに、乗り始めは〝危ない〟と、それればかりが気になり、ブレーキのことはすっかり忘れている。〝あっ〟と思うや、振り向いたおばさんの足の間へ前輪が突っ込んだ。「あわわわ……」とおったまげるおばさんと、大勢の人の前で、真っ赤になって「すみません」と謝る私であった。

しかし、そんなことを繰り返しつつ、次第に上手に乗れるようになった。チリンチリンと鈴の音も軽く、自由に乗り回せるようになった時の楽しさは、ひとしおであった。

お道もこれと同じで、自分の癖性分と何日も何日も闘いながら真実の道へと近づき、道に乗りきってしまったら、もうわがものである。道を通りながら道に乗りきれずに通るよふぼくは、自転車に乗らず、一生自転車を押して歩くのと同然で、便利のよい自転車が逆に邪魔物となってしまうのである。

お道には、ご丁寧《ていねい》に自転車を背中に負って歩くよふぼくもいる。「息つく暇もないご用に追っかけられて、お道も私一代でもう十分です。子供には継がせたくない」とか言うのである。〝お道の自転車も、三年千日の間休まず練習さえすれば、必ず乗れるようになる〟と悟らせていただいた。

ご用に好き嫌いはない

今治へ単独布教に出る時、それまで務めさせていただいていたさまざまなご用をお断りして、布教一本に歩き始めた。

しかし二年もすると、いろいろなところから声をかけていただくようになった。初めはお詫《わ》びを添えて断り続けたが、断りきれず、ぼつぼつと仰せられるまま布教以外のことも務めさせていただくようになった。特に少年会本部のご用が一番多かった。

片方では必死になって布教に歩き、少年会本部では講習会などを通して講師という立場でお話をするということには、私もいくたびか面食らった。もともと私は、地味な布教活動を求める方であったから、本部の講師として立ち回ることに、どうしてもなじめなかった。

ある日のこと、「私は徳のない人間でございますので……」という文面で、少年会本部の委員長さんに辞任願いを書いて送った。

それから三日目のお昼ごろであった。表の方で「ギャッ！」という子供の時ならぬ泣き声に、家内が飛び出していった。「あなた、早く！」。家内の金切り声に私もあわてて出ていくと、長男の秀人が家内に抱かれて泣き狂っているのである。見ると、右の目から真っ赤な血が吹き出ている。

「どうしたのや！」

「テレビのアンテナの細いパイプになっている棒を、杖《つえ》にしてついて遊んでいて、足をすべらせてパイプの先で目を突き刺したらしいです」

家内の返事を聞いた瞬間、〝しまった。辞任願いが悪かった〟という思いが私の胸をよぎった。

「秀人を神殿へ連れてこい！」

秀人を神様の前へ呼び、「親神様、私が悪うございました。これからのち、おぢばの務めはどんなご用も断らず、心勇んで務めさせていただくことを生涯誓わせていただきます。だから長男の目をたすけてやってください」とお詫びを申し、おさづけを取り次がせていただいた。

一日過ぎ二日過ぎたが、長男の目はタコ焼きを一つくっつけたかのように腫《は》れ上がり、眼球が見えなかった。〝目玉を潰《つぶ》してしまったのか、そうでなくとも目玉に大きな傷が残るかもしれんなあ〟などと考えると、夜も寝られなかった。

三日目の朝、「あなた、目玉がありましたで！」と、奥の部屋から家内が大声を上げた。「なんやて！」と、宙を飛ぶ思いで秀人に駆け寄り、腫れ上がった目のところをよく見ると、細く開けた中に目の玉がキョロキョロ動いている。

「秀人、父ちゃんの顔が見えるか？」と言うと、「ウンウン」とうなずいてくれた。

「教祖！　ありがとうございました！」と、何度も何度もお礼申し上げた。

〝親神様が二宮勝己を人だすけに使《つこ》うてやろうと思うてくださるなら、どんなご用にもどんどん使うてくださいませ。もうご用の好き嫌いは申しません〟と、固く心に決めた。

お経の上手な布教師さん

お話を聞いていただいている人の中に、次々と出直しが続き、「忌」と書いた黒幕の下を何回もくぐり抜けたころ、少しにをいがかかり始めた。〝この調子だと今月はおぢば帰りをしていただけるぞ！〟と意気込んだ。

　肺炎で危ういというKさんに、「たすかりますから、おぢば帰りをしなさい！」と断言する。

「冗談じゃない。こんな高熱で弱りきっている家内を船に乗せられるものか！」

と、Kさんのご主人は首を縦に振らない。

「それなら、おぢばへ帰ったと思って、その旅費をおつくししなさい」

と食いついた。

「出したらたすかるのか？」

「たすかります」

「よし、それなら出そう」

と、手渡してくれた。

　布教所でお願いづとめをさせていただき、上級へ、そしておぢばへ運ばせていただいて、意気揚々と帰ってきた。そのままKさんの家を訪ねた私は、〝アッ！〟と立ちすくんでしまった。葬儀の真っ最中である。

〝いまごろ入っていったら大変だ！〟とばかり、布教所へすごすご帰ってきてしまった。あらためて出向こうと思っている矢先に、Kさんの家から、丁寧に迎えの人が来た。「主人がカンカンに怒って、天理教を呼んでこい！と言っています」と言う。親神様に高慢な心を深くお詫び申し上げて、Kさん宅に叱《しか》られに行った。

お酒を飲んでいたKさんのご主人は、私の顔を見るなり、

「どうしてくれる！」

と、すごんでみせた。私は、

「まことに至りませんでした。今となっては、どうされてもかまいません。気のすむようにしてください」

と、頭を畳につけて謝った。ご主人は何回となく怒鳴りつけ、大声を上げていたが、私はただただ「すみません」を繰り返すばかりで、親神様の真実の道に傷をつけたと、申し訳ない気持ちでいっぱいだった。叱り飛ばされることは、不思議に苦しいとは思わなかった。

その後も出直しが相次いだ。そんな時、〝わしのおさづけは、まるで出直し専門みたいやなあ〟と、たまらない気持ちで、頭から布団をかぶって二日、三日とふて寝をしていた。

　そうしたある日、重い心のまま何げなく布団から首を出したら、『みちのとも』が枕元に開いて置いてあった。全く読む気さえしなかった私の目が、ある文字のところで止まったのである。「このよふはよふきあそびや……」。その瞬間、身体《からだ》中に電流のような感激が走り、熱いものが込み上げてくるのを覚えた。

　〝そうやったのや！　何もかも陽気あそびの一つやったのや。子供のママゴト遊びのように、私の布教も親神様から見れば、大人のママゴト遊びやったのや！　出直していいのや。それで魂はたすかってるのや〟と独り心に叫んで、大いに納得していた。それが言い知れぬ喜びとなって、身体中を駆けめぐる。親神様の真意を悟り得た喜びは、ちょっと筆舌に尽くし難い感激である。まるで魂が宙を飛んでいるようにさえ思えた。

　それからは、おたすけ先でどれだけ出直しされても、落ち込むことはなかった。

〝出直しもご守護や。真新しい身体を特別に早く貸してやろうとおっしゃるのやないか〟と、心から言えるようになった。その代わり、葬式のたびに聞くお経をいつしか覚えて、「お経がたいへん上手になりましたネ」と、信者さんに言われて苦笑したものである。

親神に抱かれて

白い馬が波の上を走る。冬の海は、いつも白波が立つ。そのころの大阪―今治間は関西汽船一本しか通っておらず、いつも超満員だった。

今日の夜行便も、ぎっしりとすし詰めである。ようやく眠り始めた時、五歳になった長男の秀人が、寝苦しいのか、数人お連れした信者さんの間をあちらへこちらへと暴れるのを見て、これでは信者さんにゆっくり休んでいただけないと思い、秀人を胸に抱き外へ連れて出た。信者さんの一人が、

「先生、外は寒いのに、連れて出たら子供に風邪をひかせますよ」

と言った。私は、

「親がついているから大丈夫。あなた方は少しでもゆっくり休んでくださいよ」

と言い置いて、どこかに休む所はないかと、船内をくまなく探してみたが駄目。すし詰めで階段もいっぱい。やむを得ず上甲板に出た。

冬の海は特に寒い。走っている船だから、冷たい風が耳たぶをヒューンと撫《な》でて通り過ぎる。上甲板の大きな煙突の陰に入り、できるだけ風当たりの少ない所を選んで、船内から持ってきた毛布と私のオーバーとで、秀人を何回もクルクルと簀巻《すま》きにして、さらに私の胸にしっかり抱きしめて眠った。

翌朝、ふと目覚めたら、秀人が目をあけてキョロキョロしている。

「父ちゃん、天井がないがね――」

「そら甲板の上やもん、天井があるかいな」

「ふーん」

親子して笑った。ふと秀人の顔を見ると、ほっぺが赤く、頭から湯気を立てている。風邪をひかしてはならんと、知らず知らずに強く抱きしめて、さらに固く抱きしめて眠ったのであろう。風邪をひくどころか汗をいっぱいかいている。私も親バカだなあと苦笑した。

次の瞬間、〝私がわが子をつぶれるほど抱きしめてやすんだのとまったく同じように、親神様がこの私をつぶれるほど固く抱きしめて、可愛く思ってくだされているのや。そうや、そうや、そのとおりや！〟と確信した。感激のあまり全身が震え、涙が止めどなくあふれ出て、頬《ほお》寄せた秀人のおでこにもスーッと伝わった。水平線の彼方《かなた》に、明けの明星がひときわ明るく輝いているのを見た。〝親神様、本当にありがとうございました〟と、手を合わせてお礼を申し上げた。それは実在する親なのである。

私の布教初期のころ、リューマチの人のおたすけにかかった時も、どれほどおさづけに運んでもビクともせず、病人は明けても暮れても苦痛に耐えかねてうなり通した。私自身、あれもこれもと手当たり次第に心を定め、病人にもしていただいた。おぢば帰りも、おつくしもと心定めを重ねたが、痛みはなおも激しくなっていくばかりであった。

ある夜、ふっと目覚めて〝今ごろ、痛い痛いと言うてんのと違うかなあ〟と思うとたまらなくなって、八キロの田舎道を歩いて病人の家に行った。夜中の二時半であった。雨戸の外から耳を澄ますと、やはり「ウーン、ウーン」とうなっている。〝すみません！　私が届かないばっかりに――〟と、外から静かにお詫びした。

帰り道は足が重い。〝どうしてたすけていただけんのやろう〟と心が痛んだ。〝このボンヤリめ！〟と、自分の心に鞭《むち》を打ってみる。満月の美しい夜だった。青いまでに光り輝く満月を見て、うらめしくさえあった。

「親神様、ちょっとだけでええから、痛みを止めてやってくださいや。私の届かんのはよーく分かっているし、向こうさんのいいんねんの大きいことも分かる。けれど、いっぺんだけでいいですから痛みを止めてやってくださいや――」と、いつ知らず手を合わせて、わが親にせがむように頼んでいた。涙が止めどなく手の甲に落ちた。

あくる日、またその病人さんを訪ねた。家の近くまで行くと、病人さんが縁側に腰をかけているのが見えた。不思議なものを見るような思いで、小走りに駆け寄ると、

「先生、昨夜から痛みが薄れてなあ」

と、ニッコリ笑顔で話してくれた。私は病人の手を固く握って、ただもう「よかった！　よかった！」の連発である。〝私の無茶苦茶なわがままを親神様は聞いてくだされたんや。教祖は本当に聞いてくだされたんや！〟と、心に叫んでいた。

「あんたなあ、親神様がならんところを特別に手を添えてたすけてくださったのやで。ようと、たくさんお礼申してや」と、あらためて話をした。

私たちの親神様は、はるか遠い所にお住まいくだされているのではなく、私のすぐそばにいてくだされ、私を見守ってくだされていることを実感として分からせていただいた。そして、限りない安心と喜びが吹き上がってきた。陽気あそびとは、人間の実の親のおられることを素直に信じ、親に守られている安らぎを味わうことだと思う。親のふところの中でしか、陽気あそびは絶対あり得ないと悟らせていただいた。

命がけの賭け

三九度にも熱の上がった長女の早苗《さなえ》は、やっと一歳。グッタリとして乳も飲まないし、水さえ口に入れてくれない。

「どこが悪いのや？」

と家内に尋ねたら、「さあ？」と首をかしげるだけ。

「お医者さんに連れていくかな」

と、家内の顔をうかがいながら言うと、

「いいえ、今日一日、様子を見てからにします。今から私、おたすけに行ってきますから」

と、さっさと表へ飛び出してしまった。そうなると私は弱い。早苗の頭に氷で冷やしたタオルを載せながら、たまらない気持ちであった。

二日目も、その容体が続いた。

「今日も病院へは連れていかんのか？」

と家内に聞くと、

「もう一日だけ待ってみます」

と言い切って、朝からおたすけに飛び出していった。私は気が気でない。四〇度を

超す熱に小さな体が今にも燃え尽きてしまいそうで、見ていられない。三日目の朝、

「おまえ、ひょっとすると早苗は死ぬのと違うか？」

と不安な気持ちで尋ねると、

「そんなはずはありません。なんでも三日目がヤマですから、最後の一日だけ医者に診《み》ていただくのを見合わせたいと思います」

と、きっぱり言い切って、おたすけにまた走った。その横顔は緊張し、無我夢中であることがひと目で分かった。

その日の夕方、病院で看護婦長をつとめている信者さんが参拝に来た。私が水枕を抱えているのを見て、「誰かお悪いのですか？」と尋ねた。「いや、早苗がちょっと熱が高くてね」と話すと、「じゃあ、私が診させていただきましょう」と、早苗を診察してくれることになった。

「先生、これは肺炎ですよ。赤ちゃんの肺炎は、一晩のうちにコロッと死んでしまうことがあるのですよ！　すぐに入院しなくてはだめです」

「えっ、肺炎？　それで一晩で死ぬ――」

私はあわてた。そうこうしているところへ家内が帰ってきた。

「おまえ、早苗は肺炎で死ぬんやとう！」

「ああ、そうですか。でも大丈夫です。入院しなくても、たすけていただけると思います」

と、自分の意を曲げそうにない。婦長さんも、「それじゃあ、十分気をつけてあげてくださいよ」と言って帰った。

その晩から嘘《うそ》のように熱が下がった。

ところが私の心の中に、何か割り切れんものが残っていた。後日、家内に、

「なぜ、あそこまで自分の思いを突っ張ったのや？」

と聞くと、

「私は、親神様のお姿をこの目に見せていただきたかったのです。わが子を台にして、むごい方法だったかもしれませんが、『人たすけたらわが身たすかる』という教えが本当なのかどうか、私の身に、心に味わうのは今やと思ったのです。だから、わが子を離しておたすけに飛び出したのです。心では、親神様は必ずたすけてくだ

さる、私が人だすけをさせていただいていますのやからと、最後まで信じる努力をしました。大波を乗り越えたいま、親神様のご守護をこの目にはっきりと見せていただき、私の胸は言いようのない喜びでいっぱいです。この固く信じきった心を生涯、大いに使わせていただきます」

熱に浮かされ、ぐったりした幼いわが子を残して、人だすけに出る家内の心は、私に数倍勝る苦しみであったに違いない。親神様に賭《か》けをする。〝なんと無茶な〟と思ったが、家内の〝命がけの賭け〟は吉と出た。身震いが止まらない思いであった。

「どうしたら、わが家にご守護が頂けるやろうか」という信仰は、お道の場合、根本的に間違っていると思う。「どうしたら皆さんにたすかっていただけるやろうか」と、日々心を砕き、わが身わが家のことは捨てておけば、教祖がちゃんと結構なところへ引き出してくださると、しみじみ悟らせていただいた次第である。

〝教会〟への胎動

高い所に小さな窓が一つある。三畳の間のアパート。これが単独布教の最初の布教所であった。一人、二人と信者さんが来るようになり、月次祭には十人もの人が参拝するようになったら、三畳が満員になってしまった。信者さんの一人が「先生、狭くてたいへんですネ」と言った。

「いやいや、これでいいんですよ。私はこの三畳の間がもったいなくて、いつもお礼を申して暮らさせていただいているんです。そのうちにこの十倍、二十倍にも膨れるんですよ。『喜んだら増える。不足言うたら減る』と教えていただいたことがあります」

と景気よく話すと、

「へえー、この三畳が十倍にもなるんですか」

「そのとおり――」と、喜びを重ねる毎日だった。

ある日のこと、ハッピを着て歩いている私を、支部の先生が見つけて、

「あんた、毎日ご苦労さんやなあ。元気におたすけしてなさるんかなー」と、いたわり励ましてくださった。私は、

「布教を始めて間もないのですが、教祖のおかげで、神殿にあふれるほど信者さんがお参りに来てくださるようになって喜んでいます」

と声をはずませて話したら、その先生は、

「へえー、もう神殿がいっぱい？」

と、目を丸くしておられた。「ただし三畳の神殿です」とは言わなかった。当時の私は、三十畳ぐらいに思っていたのである。

それから六カ月後に、アパートの管理人さんが、

「大勢の人が来られますネ。水は多く使われるし、便所はたまるし……」

と、ため息をついた。

「そうですね。じゃあ、家を探しましょう」

と約束した。〝広くなる旬が来たのや〟と思った。

それで信者さんに家探しを頼んでおいたら、「私の家へ来てください」と言う方が

いて、家移りすることになった。二十五坪の建て家である。教祖にお礼申し、心勇んでおたすけに歩いた。二カ月もたったころ、「この家を買ってほしい。買わないのなら出てほしい」と、家主から話があった。「ああ、出ましょう――」と、替わるべき家をみんなに頼んでおいて、私はおぢば帰りをさせていただいた。

その折、大教会長様に事の次第を報告したら、

「おまえ一人ならいいが、信者さん、みんなのことを考えてやれ。思い切って、その家を買え」

とおっしゃった。私は「買わせていただきます」と答えた。

まだ布教して間もないころとて、誰一人その家を買うお金を出してくれる人もない。さりとて私のふところにも一円もない。〝どこかにお金の余っているところはないかなあ〟と探した。〝そうや！　あそこの家に余ってるのと違うかなあ〟と見当をつけて、借金に行った。そこのご主人に、人だすけのこと、布教所の設置のことを真剣にお話し申したところ、「そのお金、私がお貸ししましょう」と早速、貸してくださることになった。手の切れるような真新しいお札を数えながら、ご主人の顔

がボーッと涙にかすんだ。これで安心しておたすけができる。何回もお礼を申してその家を出た。後々そのご主人が、「二宮先生は来た時から、お金を持って帰らにゃこの家出ていかん、という真剣な目をしていた。その真実に、わしは貸したんや」と、奥さんに話していたそうである。それから後も、次々とおたすけの中からご守護いただき、見事に借金を返すことができたのである。

さらに道の栄えをお見せいただいて、だんだんとその家も狭くなってきたころ、右隣の家が布教所の建物すれすれに塀《へい》を作り、そのため、今まで建物の横を通って裏の風呂場へ行っていた通路が全く遮断《しゃだん》されてしまった。だから風呂を焚《た》く薪《たきぎ》を、参拝所の畳の上を通って運ばなければならない。通るたびに松葉が畳の上に落ちる。住み込みの青年さんが、「本当に腹が立つ!」と、いらいらして言う。「それでいい、それでいいのや。薪を運ぶたびに掃除ができて、それで参拝所も美しくなるで」と勇ませた。

その後間もなく、今度は布教所の左隣の家が増築を始めた。ある朝、その家の主人が、

「所長さん、ちょっと出てきてください」

と言うので表へ出ると、

「増築の都合で、お宅の軒を少し切らしていただいたんですが、もう少し切ってもかまいませんか?」

と言う。私は、

「どうぞ、どうぞ。あなたの建てやすいように、必要なだけ切り取ってください」

と言って別れた。

布教所の壁ぎりぎりまで増築されたので、客間のガラス窓はすっかりふさがれた形になり、部屋が暗くなってしまった。家内が、

「刑務所のように暗い部屋になりましたネ」

と言う。

「いや、これでいい。暗かったら電気の数を増やせば明るくなるよ」

と、至極のんきに見流し、聞き流した。

〝教祖のご苦労をしのびたい〟と、胸いっぱいに思っていた私には、こうしたさま

ざまな出来事も心曇らすことでは決してなかった。

瀬戸路分教会

三カ月の修養科生の補導員（現在の教養掛）をつとめ終えさせていただき、大教会長様にお礼を申し上げに行った。

「ご苦労さんやったなあ。ついては今の布教所を教会にさせてもらうように働かせていただけよ」

と、おっしゃってくだされた。「ハイ、そのようにさせていただきます」とお受けして、四国行きの船に乗った。

布教を開始して四年目のこと、まだ教会への道はとても及びもつかぬものと思っていた。もともと教会をつくる目的で布教に出たのではなく、葛城分教会の後継ぎの相談があった時、「己が心を修養したいから布教に出させていただきたい」と頼み、「では三年だけ」という約束で出てきたのである。それがいま、教会設立へと青葉は繁《しげ》り始めたのであった。

「成ってくるのが天の理」。私はこのお言葉が大好きである。〝親神様の思惑《おもわく》や。勇んでつとめさせていただこう！〟と、明るい心で今治港へ下り立った。早速、そのことを主な人々に話したら、「へー、教会になる？」と、みんな目を丸くして信じてくれそうにない。

「いつまでも親に甘え、親の袖《そで》を引っ張っているような信仰ではならんのやで。さあ、ここが勝負のしどころや。一人ひとりがおたすけ人にならせていただくよう、しっかり心を定めて出発するのやで」

と皆々を勇ませた。その中の一人に、

「Mさん、検定講習に行かせてもろてや。教人が一人だけ足らんから頼むで」

と言うと、

「ハイ、どうでも段取りしてつとめさせていただきます」

と快い返事をしてくれ、皆々心をそろえて教会設立へと動きだした。

現在の建家そのままでは狭いので改造が進められ、山へ松の木を切り出しに行き、上段の板の用意ができた。小さいものながら大工さんが鳴らす槌《つち》の音が心地よく、皆々の心を弾ませてくれた。

その月のおぢば帰りの時、詰所でほっと一息して風呂に入っていると、早速、検定講習に来てくれたMさんが、「先生、背中を流しましょう」と言うので、「そうか、すまんなあ」と、私はMさんに背を向けた。Mさんの手に力が入って気持ちがいい。

「ところで、会社の方はどうしてきたのや?」

と聞くと、

「やめてきました」

と言う。私は〝ギョッ〟とした。背中を洗ってもらっている気持ちよさが、フッと消えた。

「そうか、やめさせられたんか」

「いや、また勤めるところはいくらでもありますから――」

とMさんは気さくに答え、さらに力を込めて背中を流してくれた。

二十六歳のMさんは、二人の子の父親であった。十年に近い勤続と、そのまじめさから課長にまでなっていたころのこととて、辞職までする決意は容易でなかったであろうと思うと、その一筋な真実に胸があつくなるのを覚えた。

Mさんは入信間もないころ、

「先生のおっしゃるとおりに信仰させていただいたら、先生のように結構になれますか？」

「なれるよ」

「きっとですね？」

「きっとだよ」

「では、今日より先生の言われることを、そのまま守っていきましょう——」

と約束した日があったのである。その約束どおり、まことに素直な素晴らしい信仰の姿であった。しかし〝先生の言うとおりにすれば……〟というこの言葉の中に、導く私の方に重すぎるほどの責任を負わされていることを知るのである。「私について来なさい」と言いきれる道こそ真実だと思う。

とにかく教会のすべての準備が整った。教会設立の願書をご本部に出させていただくことになった。

愛媛県を伊予《いよ》の国と言った。その伊予をとって、名称は天理教伊予路分教会がよかろうと内定したが、ご本部から「よく似た名称があるから変えるよう」とのことであった。それで、瀬戸内海の美しいのどかな姿をそのまま頂いて、瀬戸路《せとじ》分教会となった。今治布教所から伊予路、そして瀬戸路へと出世である。「今治市から伊与の国、さらに瀬戸内海全域へとおたすけを広げていこう」という意気込みは愉快である。

昭和四十年六月二十六日、幾多の山坂を越えて一つの名称の理が設立され、私が瀬戸路分教会長に任命された。届かない歩みの中に、教祖にお連れ通りいただいた数々の思いが胸に迫る。布教に出て五年、私が三十一歳の時である。

翌七月十六日が奉告祭と決まった。一つの目標に向かって皆の心は活気に満ちていた。ところが、その中で役員のTさんが身上になり、すっかり寝込んでしまった。身上とともに心まで勇めなくなってしまった。奉告祭は近づき、準備は着々と進められるが、Tさんはますますいずみゆく一方である。布教の出発の日から容易ならん中、Tさんにはずいぶん苦労をかけて、やっとたどり着いた設立奉告祭を、Tさんの参加なくしてつとめるのは、あまりにも寂しかった。

上級の葛城分教会へ帰らせていただいた時、会長のヒデヨ母に、

「あんた、何を思案しているのや？」

と尋ねられた。いつも陽気な私の顔に浮かぶ暗い影を、ヒデヨ母は見逃さなかった。

「いや、Tさんが身上ですくんでしまわれたので――」

「そりゃあ、教会になる前の当然なふしや。その道は誰でも通るのやがな」

これを聞いて、なるほど、これでいいのかと考えた。すべてを喜びに変える仕切りの心定めでもあった。それとともに、今までの靄《もや》がスーッと消えていった。不思議なもので、私の心どおりにTさんは、奉告祭の数日前に立ち上がり勇み始めた。私は感激のあまり、Tさんの手をいつまでも握って離さなかった。

七月十六日、大教会長様のご参列のもと、大勢の真実をお寄せいただき、にぎやかに勇んで天理教瀬戸路分教会設立奉告祭をつとめさせていただいた。参拝所に入りきれない人々が、上敷きを敷いて外から参拝してくださるありさまは結構がすぎていた。まだまだつとめ足りない私たちに、教祖からこのような大きなものを頂き、

本当に申し訳ない気持ちでいっぱいだった。私たち夫婦の小さな真実を、何千倍に受け取ってくださったことか。

奉告祭が終わるとすぐ、次の道へとたすけ一条の路線を引いた。〝これからが、よふぼく一人ひとりの魂に理の筋金を入れるべき大切な時期である〟と、にをいがけ・おたすけへの踏み切りを信者さんに次々と迫っていった。

義母・二宮ヒデヨ

長い間、おたすけのご用に丹精してきたヒデヨ母を四国へ呼んで、老後を可愛い孫たちと楽しく暮らしてもらおうという上から、葛城分教会長を私の実母・木村貞子が受け継ぐことになった。

その就任奉告祭が執り行われ、祭典が終わろうとしたころ、今まで機嫌よく参拝していたヒデヨ母が、畳の上にくずれ込むように倒れた。

皆が驚いて寄ってみると、大教会長様が、

「これは中風やで。身体をあまり動かさんように、ソーッと床に入れておあげ」

と言われて、あらためて驚いた。〝やれやれ、これで私のご用も終わった〟と思ったら、身体まで休んでしまったのである。私は内心〝しまった〟と悔やんだが、あとの祭りで、まったく親不孝もいいところである。

ヒデヨ母はもともと四国の今治市の生まれで、幼くして父を失い、母と母の実家へ帰って暮らしていたが、母はまだ幼いヒデヨ母を残して再婚してしまった。取り残されたヒデヨ母は、美しい海岸べりの九王《くおう》で十二歳まで祖母に育てられたが、生まれながらの勝ち気な性格から、祖母の元を飛び出した。九州へ渡り、その後、岡山に転住した。県庁で土木関係の仕事についていたが、その時上司だった高野藤太郎《たかのとうたろう》氏と結婚した。そして主人の転勤に伴い、樺太《からふと》（現サハリン）へ渡った。そこでの生活はかなり裕福だったが、子宮にシコリができて苦しむようになった。そんなところへ、津軽《つがる》分教会（現大教会）所属の水元《みずもと》分教会部内、樺西《かばにし》宣教所（出町要三《でまちようぞう》所長さんのころ、現水榮《すいえい》分教会）の内田《うちだ》ハツという方が熱心におたすけに運んでくだされ、見事にご守護いただいた。そのお礼に、早速にをいがけに歩き、植木ハツさんを別科に入学させた。

そのころ、ふとした風邪が原因で、主人はあっけなくこの世を去ってしまった。主人亡きあと、残されたかなりの財産を、その当時、中和大教会神殿建築の真っ最中であった上から、そのご用に伏せ込んだ（当時、津軽は中和部内）。その熱心な信仰に目を留められた植田英蔵大教会長様が「この二宮ヒデヨを大教会へもらって帰りたい」と言われ、相談がまとまって、中和直轄の理の子になったのである。それからのちも熱心に道を通り、別科に入学した。ヒデヨ母は後日、「別科に入る時、私の指輪を一つはずしたら六カ月の費用が余るほどあったんやで――」と語っていた。

別科卒業後、岡山で布教を開始したが、大教会長様の仰せで、大連《だいれん》の伝道庁で事務員として勤めることになっていた高橋《たかはし》薫《かおる》さんと再婚、大連へ赴いた。ところが、不幸にも二度目の主人とも死別し、終戦を迎えた。十五年余の大連での生活に別れを告げ、敗戦国民としてのあらゆる苦汁をなめ、すべてを置き去りにして大教会へ引き揚げてきたのである。

それから大教会を根拠にしておたすけに回るころ、同じく大教会に住み込んでいた十七歳の私と養子縁組をしたのである。それからも、ますますおたすけに勇み、富貴園《ふきぞの》分教会の設立への道あけをして、理の子であった私の実母・木村貞子に会長を譲り、その後しばらくして葛城分教会長に就任した。六十七歳の時である。

厳しいたすけ一条の道をひたすら貫いた姿は素晴らしいと思う。それだけに、やることもやるが、気性の激しさは格別であった。大教会長様にも説教しかねない時もあり、私はよく、「おばあちゃんみたいな通り方をしていたら身上になるわ」と言ったものである。そのたびに、「何言うか。これだけお道に尽くしてきた者を、親神様が身上にされるはずがあるか」と言っていた。しかし私には、いつも予感めいたものがあった。恐ろしいことやと思っていたが、聞いてくれるほど優しい人ではなかった。

私の予感は的中した。寝床で意識がもどったヒデヨ母の枕元《まくらもと》で、

「おばあちゃん、やっぱり身上になってしもうたなあ」

と言うと、

「そう…や…な」

と、舌をもつらせて素直にうなずいてくれた。しかし気づくのが遅すぎた。

「手…が…う…ご…か…んー」

と、回りかねる舌を動かして話すヒデヨ母が不憫《ふびん》で、無性に悲しかった。

葛城分教会で倒れたヒデヨ母を、伊丹《いたみ》空港から飛行機に乗せて今治へ連れて帰った。私は家内を呼んで、

「人だすけに真実込めて働いてくれた理のあるおばあちゃんやよって、温かい気持ちでお世話しておくれ。特に頼みたいのは、これから先、何年寝つかれても決して不足は言わないように、頼むから心に定めておくれ」

と、深く頭を下げて頼んだ。家内は、

「ハイ、分かりました。不足はしませんから安心してください」

と言ってくれた。

そのころ、家内は二女の雅乃《まさの》を身ごもっていた。煩雑《はんざつ》きわまりない教会のご用の合間を縫《ぬ》って、大きなお腹《なか》を突き出しつつ、汚れ物をいそいそと洗濯している姿は美しかった。

家内の留守中には、私もヒデヨ母のオシメを替えることがあった。

「す…ま…ん…なー」

と、動く方の手で拝むようにし、目に涙をためているのを見て、

「何も心配いらへんで。子供が親のことするのは当たり前やもの……」

と耳元で囁《ささや》くと、

「うん…う…ん」

と満足そうに首を振り、私の手を握って、

「う…れ…しい…なあ」

と、片言のようにしゃべってくれたのが、とても嬉《うれ》しかった。

「おばあちゃん、長生きしいや。わしな、自動車の免許取って、車で四国中、方々へ連れて行って美しい景色を見せてあげるからな」

と言っていた。ヒデヨ母にとって何よりの喜びである可愛い孫たちが、あまりそばに行かないので、

「おまえたち、ちょっとおばあちゃんの所にいておあげ」

と言うと、

「うん――」

と返事をするが、ものの十分もしたら子供のことで、表へ飛び出してしまってもういない。なんとかして、おばあちゃんのそばに子供を寄せつける工夫はないものかと思案した末、

「おい、鈴代。おばあちゃんの所へテレビを置いたら、子供たちが見に行って、おばあちゃんが喜ぶのと違うか」

「そりゃいいですね」

「じゃあ、早速買いに行こ」

「でも、お金が……」

「月賦《げっぷ》で買うねんがな」

「そうですね」

と、二人で電気屋に行った。

今ほどテレビが普及していない時代で、白黒のテレビでも私たちには目の飛び出

るほどの買い物であったが、〝おばあちゃんの喜ぶことなら、どんなことでもしてあげたい〟という気持ちはお金の額を超えていた。私が月賦で物を買ったのは、この時だけである。

計画はうまくいって、ヒデヨ母の部屋には、いつも孫たちがにぎやかに詰めかけてくれた。四人目の孫もヒデヨ母の隣で産声をあげた。

蛙《かえる》がひときわにぎやかに鳴き、田植えの季節を迎えた。一段と暑さを感じるようになったので、私は「おばあちゃん、髪の毛がもじゃもじゃして気持ち悪かろう」と、髪を短く切って、お湯で身体を拭《ふ》いてあげた。「気持ちよくなったやろう？」と言うと、「うん、さっぱりしたなあ」と嬉しそうな顔をした。私は安心しておぢばへ向かった。

方々のご用を済ませ、二十六日の本部の月次祭に参拝して詰所へ帰ってきたら、「お母さんが危篤《きとく》だという電報が入っていますよ」と聞かされた。あいにく翌二十七日は大阪へ講演に出向く予定になっていた。ちょうど詰所に来ておられた大阪の講演先の先生が、

「お母さんが危篤らしいですが、講演をほかの先生に代わっていただいて、早く帰られますか？」

と心配げに尋ねられた。

「いや、講演はつとめさせていただきます。母は私が帰るまで、必ず待っていてくれます。私を待たずに出直しするような種は、今までに蒔《ま》いていませんから」

と、思わず口をついて出た。

「そうですか。じゃあ、明日の講演をお願いします」

と、到着時間などの打ち合わせをした。

今治に電話をして家内に様子を聞いてみると、昏睡《こんすい》状態が続いているとのことであった。

講演を終え、すぐ帰路に就いた。教会に帰るなり、ヒデヨ母の枕元に駆け寄り、

「おばあちゃん、帰ってきたで。待っていてくれたんやなあ。もう安心して出直しや。またすぐ教会へ生まれ変わってきてなー」

と、うなずいてくれないヒデヨ母に語りかけた。

それから家内に出直し後の段取りを細部にわたって記録させたあと、「わし、腹が減った。何か食べるわ……」と、ひと口昼食を頂きかけたころ、

「容体が変わりましたよ！」

という付き添っていた家内の言葉で行ってみると、すでに息が大きく乱れていた。

「長い間、身上をお貸しいただき、ありがとうございました。どうか三十分後に安らかに生まれ変わりをさせてやってくださいませ」

と、時間を切って親神様にお願い申し、おさづけを取り次がせていただいた。時計はお昼の十二時半を指していた。

「さあ、子供たちをみんな呼んでおいで」

「秀人がまだ学校から帰っていませんが」

「すぐ連れて帰ってこい」

「でも、三十分はかかりますよ」

「そんなら、今しばらく出直しを引き延ばしていただこう――」

あらためて「親神様、おばあちゃんが一番可愛く思っていた長男の秀人が帰って

くるまで、しばらくの間、延ばしてやってくださいませ」と、再度おさづけを取り次がせていただいた。

時計が一時を打った時、喉《のど》がゴロゴロと鳴って、ほとんど呼吸をしなくなった。しかし脈はある。

「父ちゃん、ただいま――」

と、小学二年生の秀人が、息急き切って帰ってきた。

「秀人、早《はよ》う来い。おばあちゃんがもう出直しはんのや。おまえ、しっかり手を握ってておあげ」

秀人は恐る恐る手を突き出した。ヒデヨ母の手と秀人の手を握り合わせた。その瞬間、実に不思議なことが起こった。すでに息切れようとしていたヒデヨ母の瞼《まぶた》がスーッと開いたのである。

「秀人、おまえに会えたこと、こんなに喜んではるねんなあ」

と言い終えるのと、私の親指に伝わっていた脈が静かに止まるのが、ほとんど同時だった。昭和四十二年六月二十八日、午後一時二十八分であった。

病床に臥《ふ》せって一年。波乱に満ちた七十六歳の生涯を終えた。誰一人身寄りのない、孤独だったヒデヨ母は、教祖のおかげで、私たち二人の子供と可愛い四人の孫に優しく見守られて、静かに出直すことができた。

「おばあちゃん、よかったネ――」

私は冷たくなった頬《ほお》を撫《な》でて言った。

去りし親　しばし座りて　我契《ちぎ》る　残せし道を　一筋に行く

ふたりの真実

雪がちらつく二月であった。夕闇《ゆうやみ》が迫った部屋で、胃がんの末期を迎えたK子さんと私は話していた。

「会長さん、もう一度元気になりたい……」

と、弱々しい声でK子さんは頼む。

「そりゃ無理やで」

と私は言う。食事はむろん、流動食さえほんの少し、やっと飲み込めるほどである。

腹はコンコンと音がするほど固く張り、時には血を吐《は》き、さらに血が下がるという、全く絶望的なありさまである。

三人の医者が「もうあきらめなさい」と口を合わせたように言い、「まあ、三日もてば――」と、帰っていった。

「それでも治りたい」

とK子さんは続ける。

「なんぼ言うても、こりゃ無理や」

と私はつぶやいていた。

「なんとかして、どうかしてたすけて……。このとおり、頼みます……」

と手を合わせて拝む姿を、ハッとした思いで見た。涙が一筋、二筋と枕を濡《ぬ》らす。

私の心が動いた。

「あんたなあ、本当にたすかりたいのか?」

「本当にたすかりたい」

「そんなら会長の言うこと、どんな無理も聞けるか?」

「聞く。本当に聞く」

「間違いないやろなあ?」

「間違いない。本当や」

「よっしゃ、それならたすけさせてもらうで」

私の胸の中でポッと、まるで音がしたように火がつき、やがてその火は、メラメラと胸いっぱいに燃え広がっていった。

教会へ走って帰った私は、家内を呼んだ。

「あのなあ、K子さんが胃がんの末期でたすからんそうやけど、本人がどんな無理も聞くからたすけてほしいと泣いて頼むので、引き受けてきたんや。大きな病気や。わし一人では重すぎる。おまえも手伝《てつど》うてや、頼むで」

「分かりました。やらせていただきます」

二つ返事が返ってきた。

人をたすけるのには種がいる。どんな種をお供えさせていただいたらよいのやろうと考えた。〝食べ物がなくて困っているのなら、食べ物を持っていけば、その人はたすかる。着る物がなくて困っている人なら、着物を持っていってやればよい。K子さんは命がなくて困っているのやから、私の命を持っていけばたすかる。そうや、私の命をお供えさせていただこう〟と決めた。

その日から食事を断った。午前四時に起き、教会の前の広い川に出ていって水をかぶった。そしておぢばへ向かって声の限り、「K子さんを人だすけのご用に使《つこ》うてやってください」と祈り続けた。それから夫婦で十二下りをつとめ、祈願を込めた。その後、朝づとめを済ませて二人でK子さん宅におさづけの取り次ぎに運んだ。さらに夕づとめ後、K子さん宅に二人で行き、おさづけを取り次がせていただき、帰ってから川で水ごりをとって、十二下りをつとめた。

二日目に、私の一心不乱な姿を見た家内は、

「会長さん、何を心定めなさったのですか?」

と尋ねた。

「何もあらへん」

「いや、あるはずです。教えてください」

家内も引こうとしない。

「そんなら言おう。わしの命、お供えさせてもろたんや」

「そんな……。勝手にされたら困ります。会長さんの命は大勢の信者さんをはじめ、子供や、みんなの命ですのに」

「そやけどなあ、警察の人だって命かけて泥棒捕《つか》まえるんや。時には本当に死ぬこともあるやろう。わしは九つの時に死んでいたところを、たすけてもろうたんや。今まで長生きさせていただいたんやから、もうええやないか」

「そんなこと言うて……」

「……わしはどうあっても、K子さんをたすけさせていただくのや」

「会長さんが引きはらへんのやったら、私も命切って神様にお供えさせていただきます。二人で半分ずつ命縮めてもらいましょう」

その日の夜、家内も「川へ出て水をかぶる」と言いだした。特に寒がりなのを知っている私は、一抹《いちまつ》の不安はあったが、「やってみるか」と二人で川の方へ下りていった。

二月の大川の水は、冷たいというより肌に痛いという方が当たっている。煌々《こうこう》とした月は、夜風を受けてさざ波を立てながら流れてゆく水面《みなも》を照らしキラキラ輝いている。家内は静かに川の中へ入っていった。川の中ほどで水を汲《く》んで頭からかぶる。一杯、二杯、三杯と続いた。私は〝親神様、どうぞ、ぶっ倒れませんように〟と、家内の後ろ姿に向かって祈った。

五日目の朝、十二下りをつとめ終えた時、玄関がカタカタと鳴って戸が開いた。〝こんな早朝に誰やろう〟と思いながら、障子の所に立った黒い人影に向かって「誰や？」と言うと、「私です――」と聞き覚えのある声がする。「まさか……」と息をのむ。スーと障子が開いた。〝まさか〟が当たった。K子さんである。

「会長さん、たすけてもらいましたで！」

「あんた、歩いて来たんか？　本当か？　よかった！　たすけてもろうたなあー」

「ハイ！」

K子さんの手を固く握った私は、「教祖、教祖、教祖」と言い続けていた。見事にK子さんはご守護を頂かれたのである。

そんなころから、教会のいたみが特にひどくなってきた。民家を急遽《きゅうきょ》、教会に改築したものだけに、大勢の出入りに耐えかねたのであろう。信者さんが言った。

「会長さん、この廊下ミシミシ鳴って気持ちが悪いですね」

「いや、音鳴りの廊下っていうのは、なかなか素晴らしいんだよ」

「でも、柱がずいぶん傾きましたね……」

「これがまたいいんだよ。まったく芸術的なんだよなあ」

「そう言うけど、雨漏《あまも》りには困るでしょう」

「いやあ、洗面器やバケツで受けると、いい音楽が聞こえるよ。あなたも雨の日に参拝に来てごらん」

「何を言うても結構、結構と言う会長さんには、本当に負けましたよ」

と笑い合った。

家なしで布教に飛び出した時、藁《わら》小屋に足を突っ込み、お宮の縁の下で一夜を過ごした私には、屋根のある家は御殿であった。

こうした中に、信者さんたちから「私たちの真実で、何とか教会建築に踏み出したいものや」という声が、あちこちで持ち上がった。私は建築などまったく思いもよらず、「このままでいい」と聞き流していた。しかし、ものには旬があるように、私の心とは裏腹に、親神様は教会普請への準備を着々と進めておられたのである。

たすけふしん

神殿移転建築

「松の木を切り倒したので風呂焚《ふろた》き柴《しば》に使われるならどうぞ」と、Tさんから連絡があった。青年さんに行ってもらったが、数日後、「会長さんもぜひ一度来てほしい」ということで、作業をする格好で柴をつくるべく出かけていった。

小高い山である。頂上に登ると周囲がパッと開けて、前方には今治市が一望に見下ろせる。その向こうに青く瀬戸内海を望み、後方には国立公園近見山《ちかみやま》がそびえて見える。実にいい眺《なが》めである。私が、

「景色のよい所やなあ。こんな所に教会を建てたらいいなあ」

と、そばにいるTさんに言うと、

「それじゃあ、ここに教会を建てましょう」

と、おうむ返しに答えてくれた。これが教会建築の取っかかりであった。私の何げなく口をついて出た言葉から「会長さんの気に入った土地が見つかった。さあ、教会建築や！」と、話が進められていった。旬というのは実に恐ろしいほどの理を見せてくれるものである。上級教会に相談すると〝早速かかるように〟とのことであった。

ふしん委員会が設けられ、第一回会合が開かれた。私はみんなを前にして、

「この普請は成ってきたこと。喜びで始めて、喜びで完成させてくださいよ」

と口を切った。次いで、

「どれくらいの大きさのものを建てるか相談してください」

と話を進めた。

「そりゃ、会長さんの思うようにしてください」

「大工さんは誰に決めましょうか？」

「そりゃ、会長さんの気に入る人に頼みます」

なんでも「会長さん、会長さん」と、実に素直なもので、話はとんとん拍子に進んだ。「じゃあ、お金はどうします?」という段になった。一同、息をのんだ。教会建築など初めての人たちばかりである。

「いま、教会にどれほどの蓄えがあるのですか?」

と、委員の一人が質問した。私が、

「鈴代、教会にあるお金を報告してみよ」

と言うと、「二千円です」と言う。

「エッ、二千円ですか……」

その委員は、あきれてものが言えんといった顔をしている。「それで数千万円からの教会建築とは……」と、誰もが静かになった。みんなは〝建築費の何分の一かぐらいは教会で貯《た》めているのでは……〟と思っていたらしい。

「ご守護いただいて、できるとこまでやって、できなければお金の都合がつくまで、しばらく雨ざらしでもかまわんのや。あなた方が建てるのではない。親神様が建てなさるのや。なんの心配もいらんのやで」

「そやけど、たちまちお金も必要でしょうに。二千円ではねえ」

その結果、農協から五百万円ほど借りて出発しようということになり、委員会は終わった。昭和四十六年十月のことである。

その夜、私は夢を見た。農協の窓口で「それはお貸しすることができません」と言われている私の姿であった。朝、目覚めた私はじっと天井を見つめていた。神様が〝お金を借りてはならん〟とおっしゃっているなあと悟った。早朝、「農協でお金を借りることは中止する」と、ふしん委員の人々に連絡した。

次に中止したことが、もう一つあった。月次祭の祭典後、主な人々が輪になって相談している。初めは〝四方山《よもやま》話が弾んでいるのやろう――〟ぐらいに思っていた。ところがどうも、真剣な顔をして話に熱が入っている様子である。

「なんの相談をしてるのや?」

と聞くと、

「今度の普請金の割り当てを、私たちで相談してましたのや」

と言う。

「それはいかん！　お供えの割り当てなんか神様は大嫌いや。私も大嫌いや」

「そやかて、割り当てせんとお金が集まらんし、割り当てた方が会長さんも目安が立ってラクでしょう」

「そりゃラクやが、わしはラクはいやや。大勢いる信者さんの中には、ほどほどに暮らしている人もいるが、今日食べるに困っている人も多い。割り当ててやったら、貧しい者の心を痛めることになる。わしはどれだけ心痛めても、苦しんでもかまわん。よしんばお金が集まらず普請が途中で止まり、雨ざらし、日ざらしになって辛《つら》い思いをしてもかまわんから、割り当てはせんようにしておくれ。いや、普請だけではない。瀬戸路の教会の続く限り、お供えの割り当てはせんように頼む」

みんなは、なんとか半分ほど分かったような顔をして、相談はそこまでで解散した。

土地の買収が始まった。そのころ、血の増えない病気で苦しんでいるT子という娘さんがいた。長い病院生活を続けていたが、今もって血が増えず、輸血に頼っていた。医者から「今までにこの病気で治った人はいませんから、あきらめてください」と、はっきり申し渡された。何回医者を替えても、同じ答えしか出なかった。しかし〝たすかっていただきたい〟と私は祈り続けた。T子さんのお母さんにも、「あきらめたらいかんのやで！　私が投げ出してないのやから、あきらめずに、たんのうを通りきるのやで」と、苦しみの上がり下がりのたびに励まし通した。

T子さんは修養科にも入った。修養科を修了した時には、私は彼女を背負って、神殿にお礼参拝をさせていただいた。四国までの帰途、「もう息が切れるのではないか」という思いを、何べんも繰り返しながら帰った。検定講習も受けた。しかし、どうしてもたすかってもらえないままに、私も〝どこにたすけていただく道があるのやろう？〟と、懸命に探し求めていたのである。

この時、私の胸にたすかる光をやっと見いだした。〝そうや、たすけ一条の土地でT子さんに徳を積ませてあげたら、たすけていただけるに違いない〟と、私は天の理を読んだ。そのままT子さんの家へ飛んでいき、そのことを取り次いだ。後日、T子さんのご両親が教会へ見えて、「人だすけの土地は私が買って、お供えさせていただきます」と心を定めてくれた。

私は土地のご守護も嬉《うれ》しかったが、それにもまして、T子さんのご守護の見えるのが素晴らしく、私の心を弾ませてくれた。心定めされたその月から血が増え始めた。あまりの鮮やかさに、親神様の前に額《ぬか》ずいた私は、落ちる涙を拭《ぬぐ》おうともせずにお礼を申し上げていた。

道を通る者に、これに勝る喜びがあろうか。天理と自分の悟りがぴったり合って、見事な答えが出た時の嬉しさは、人に語れるものではない。教会の普請は建物を建てるのではなく、理を立てるのだと、つくづく感じたのである。

寄り集まる真実

すごいうなり声を上げて大型ブルドーザーが山を崩し始めた。勇ましい限りである。私には何がどうなっているのかさっぱり分からないが、ふしん現場委員のAさんが見事な指図をしてくれている。一日一日と敷地が出来上がっていく。ほとんど地均《じなら》しが終わった時、Aさんが私のそばへ来て言った。

「会長さん、雨が降るたびに下の田んぼに土が流れ落ちるという苦情が出ているので、明日から石垣を積んでもらおうと思うが、よかろうか？」

「そらいいけど、お金はいくらいるのや？」

「六十五万円ほどやと言ってました」

「その石垣は明日からじゃないといかんのかねえ」

「もう明日から始めてくれるように頼んでおきました」

「エッ！　もう頼んであるのか」

何はともあれ、手元にお金がない。

「まあええ、頼んであるのなら工事を始めてくださいよ」

とお願いをして、〝六十五万円、六十五万円〟とつぶやきながら教会へ帰ってきた。

家内に、

「六十五万円いるのやで」

「何にいるのですか？」

「石垣を積むためや。いまからHさん宅の講社づとめに行くから、親神様にそのことをよく頼んでおいてや」

と言って表へ出た。「半月ほどで完成するから支払いは頼む」との言葉が心に残っていたが、〝教祖《おやさま》、お願いします〟と胸の中で念じると、心がスーッと軽くなった。

「こんにちは」

Ｈさん宅の玄関を入ると、Ｈさんが待ちかねていたように、

「会長さん、普請の方は、どこまで進んでいるのですか？」

と尋ねてくれた。

「ああ、ぼつぼつ進んでいるけれど、今まで話していたのやが、ブルドーザーで押し出した土が下の田んぼに流れてな、やむを得ず急遽《きゅうきょ》、石垣を築き上げることになって、朝から決めてきたところなのや」

「その石垣代、どのくらいいるんですか？」

「六十五万円ということや」

「そんなら、石垣代を私がつとめさせていただきましょう」

と言う。しかし、私にはどうも納得がゆきかねた。普段は非常に不自由をしている

家庭で、時には食事代にも事欠くような生活である。どう考えても六十五万円も引き出せるはずがない。私が、

「あんた、石垣代は大金やし、半月後に支払うことになっているのやで」

と言うと、

「ええ、かまいません。今から農協へ行ってきます。実はこの間、小さな田んぼが売れてお金が入ったので、早速定期に入れておいたんですよ。解約できるかどうか分かりませんが、頼んできます。土曜日で午前中しか駄目ですが、まだ二十分くらいありますから、ひとっ走り行ってきます」

〝教祖！〟と、私は胸の中で小躍りしていた。

「そうか、そんなら早《はよ》う行き」

と、私は自転車の後ろを押し出すようにしてHさんを見送った。〝どうか解約できますように。時間が間に合いますように〟と親神様にお願い申し、玄関を出たり入ったりしながら遠く道の彼方《かなた》に目を向けていた。

間もなくHさんが、膨らんだ農協の紙袋を持って帰ってきた。〝こりゃ、すご

い〟と、また心の中で小躍りした。

「どうぞ、これを役立ててください」

出されたお金は百万円である。分厚い札束を手に、何度となく頭を下げて、

「Hさん、ありがとう。人だすけの上に役立たせていただきますで。不自由の中をよく思い切ってつくしてくれたなあ」

「そんなに会長さんに喜んでいただけたら満足ですよ」

と、Hさんは言葉を添えた。今朝《けさ》の話が早速お昼に、それも必要以上に親神様がそろえてくだされた。持ち帰ったお金を家内に見せたら、「あっ」と目を丸くして、あとは言葉にならなかった。

引き続き、材木の購入、基礎工事にと、普請は進展していった。それに必要なお金もどんどん入ってきた。

大阪のB子さんも真実な娘さんであった。

「会長さん、私は普請が始まっているのに何一つお役に立つことができず、ごめんなさいね」

と、出会うたびに悲しそうな顔をしていた。

「何を言うているのや。普請はお金でできるのやない。心でつとめるのや。お金は十分なことができなくていいから、大きな心を定めて、いつでも、これだけはさせていただきたい、つくさせてもらいたいと思い続け、教祖にお願いし続けてくれたらいいのや。そしたら、教祖がつとめさせてくださるのや。悲しそうな顔をしなさんな」

と励ましつつ、B子さんの真実な気持ちに胸をしめつけられる思いだった。母一人娘一人、細々と精いっぱい生活している毎日であった。

それから数カ月してB子さん宅にお邪魔したら、

「会長さん、今日は会長さんに喜んでいただけることができたんよ」

と、満面に笑みを浮かべて母娘が喜んでいる。

「何事や。そんなに嬉しいことなら、早う聞かしてんか」

「これや。これ、普請に使ってくださいね」

とB子さんは、分厚い白い封筒を私の手の上に載せてくれた。中を見ると、一万円札がぎっしり入っている。

「ヘエー、こんな大金どうしたんや？」

「ええねん。聞かんでもええねん」

出所を明かしてくれない。

「いかん。あんたのことがいつも心にかかっている私が、黙ってもらって帰るわけにはいかん。教えてんか。頼む」

と、あらたまって聞くと、

「あのね、私、お嫁に行くことになったの。それは私に頂いた結納金《ゆいのうきん》や。そやから私のものやろう。それで、人だすけの普請のご用に使ってほしいねん。なあ、会長さん、使うて――」

思いを込めて説明してくれる娘さんの一言一言に、私は泣けた。B子さんもきっと、華やかな結婚生活を夢見ていたであろう。一つの物も求めたかっただろうに。十分な蓄えもないいま、〝嫁入り道具はどうするのやろう〟と思うと、お金の入った封筒が重く、手の震えが止まらない。

「相手の人に、このことを話してあるのか？」

「うち、一生懸命頼んだら、そしたら、いいと言うてくれはったんや。ええ人やろう――」

とB子さんは笑っている。なんという真実な娘やろう。涙が止めどなく頬《ほお》を伝わった。

「ありがとう！　この真実、私がしっかり頂くで。この種が実を結ぶ時は素晴らしいで」

と、B子さんの真実を今一度押し頂いた。

「うち、とっても嬉しいねん。そやから会長さん、泣いたらおかしいわ……」

と無邪気に言葉を添えてくれた。

こうした中に、工事はまず炊事場から始まった。だんだん進行するうちに、信者さん一同もさらに勇み立ち、真実のつくしに、ひのきしんに、精魂込めてくだされた。普請につくしてくださる人たちのほとんどは、日々の生活がやっとという人たちだった。また、車を買うべく貯めていたお金を、「会長さん、これ使うてや。車買うのはあとにしたからなあ」と、歯切れよく言ってくれる若者も加わった。

後日のことであるが、石垣につくされたHさんの息子は、思わぬところから商売をする広い土地をお与えいただいた。結納金をつくされたB子さんは、素晴らしいご主人に恵まれ、晩婚ながら可愛《かわい》い二児を授けていただき、仲睦《なかむつ》まじく暮らしている。さらに、自動車代を伏せ込んだ青年は、その後、思わぬところから良い車をとても安く入手することができて、「会長さんの言うとおりにして、やっぱりよかったわい」と、本人も大喜びをするというふうに、三者三様に、つくした何倍にも勝るご守護を頂いたのであった。

さらに、教会の普請完成後、信者さん一同が、それぞれに結構をお見せいただき、なかには考えてもみなかった家の新築のご守護を頂いた人もいる。

私はこうしたさまざまな姿を心で味わい、さらに目で見て、天の理ほど鮮やかで安心なものはないと確信したのである。まことにどの人の真実も、涙なくして受け取ることができないものばかりであった。

命がけの理のご用

普請が始まる少し前に、宇和島《うわじま》への道が急速に伸び始めた。宇和島布教所長のNさんに、

「今回の普請の三分の一は宇和島布教所でつとめさせていただく心を定めなされや」

と取り次がせていただいた。

「ハイ、やらせていただきます」

実に気持ちのいい返事が返ってきた。布教所になって間のないNさんにとっては、重荷にすぎることは承知の上であったが、このチャンスに肥《こえ》を施しておかねば栄える理が生まれてこないと判断してのことである。

Nさんのご主人は長らく県庁に勤務し、敗戦後の混乱期に命がけで働いたという当時の真実な努力の数々が認められ、数年前に勲六等を頂いた方である。現在は定年で仕事はしていないが、数年前、心臓を患ったことから、お道の話を聞いてくだ

さるようになったのである。

そのご主人が「わしが家の雑用は引き受けるから、おまえはおたすけにお回り」と、心を定めてくださり、老夫婦が内と外をうまく治め、布教に専念しているのである。

ちょうどそうしたころ、東京で働いていた末の息子さんが、急に今治に帰ってくることになった。年末のことで、荷物を運ぼうにも運送屋が休み、その上家主さんからは、「引っ越されるのなら、すぐ荷物を出してほしい」と急《せ》かされ、やむを得ず私がトラックを運転して、東京まで荷物を引き取りに行くことにした。

その時、家内は珍しく大反対をした。というのは、私が免許を取ってまだ三カ月しかたっておらず、危なっかしいこと、この上なかったからである。

「おたすけはいつも命がけやで。わしの腕は自分でも危ないとよく分かっているが、教祖が連れて帰ってくださるから安心せい」

正月三日の寒い朝、青年さんを一人連れて今治を出発した。途中、奈良県にある上級教会へ参拝のため立ち寄った時は夜であった。大型トラックを専門に乗ってい

る妹婿《むこ》が、

「会長さん、そりゃ無理やで、やめとき。車専門に乗っているわしでも、この冬の真っ最中、しかも道路の凍結と雪の道を、ましてや不案内なあの広い東京までは、よう行かん。やめときなはれや」

と、しきりに止めてくれたが、どうしても行くという私の心を止めることはできなかった。

「それなら、せめてチェーンだけは持っていかねば」

と、積んでくれた。

京都から名神高速道路に上って、一路、東京に向かって走り始めた。借りてきた車は中古車で、ずいぶんガタがきていた。そんなことにおかまいなしの私は、ドンドン走らせた。すると、たちどころに故障である。発電機が働かずバッテリーがあがる。高圧コイルは壊れるし、プラグのコードも断線ときた。本当に泣き出したい思いを何回もした。ボンネットを開けてはみるが、全く故障の個所が分からず、「なむ天理王命」と口ずさんでゆすってみたら、エンジンがかかった。ハレモノにさわるようにゆるゆる走らせ、何回も修理屋に頼んだ。

東京からの帰り道は、二トン車に山のように高く積み上げた荷物が、富士山から吹きおろす強風をまともに受け、車ごと横ずさりしながら走った。薄暗くなるころ、「雪のため迂回《うかい》してください」とのことで、岐阜で高速道路から降ろされた。全く途方に暮れながらも「前を走っている大阪ナンバーの車について行ったら、なんとかなるで」と追っかけて走った。関ケ原《せきがはら》から再び雪の高速に上り、凍結した道を知らぬが仏で、七〇キロのスピードのまま、他の車をビュンビュン追い越していった。実に無茶な運転で、横に乗っている青年さんが「こんな怖いのは生まれて初めてや。もう死んだ方がええ」と悲鳴を上げていた。

しかし、とにかく教祖は無事にお連れくだされた。運転歴十年近くになった現在、あの時のことを思い出すたびに身震いし、身体《からだ》が硬くなるのである。家内は必死に、親神様に私の無事を祈り続けていたそうで、帰ってきてそのことを知った。

「会長さんは私の息子のために、命をかけて尽くしてくだされましたなあ」

と、Nさん夫婦は目に涙をためて話してくださった。その後、普請を通してNさんを芯《しん》に、まことに命がけで働いてくだされた。〃命捨てても〃の真実は、〃命がけの理のご用〃で親神様はお返しくだされた。普請完成の後、会計帳に、普請金額の三分の一を超える宇和島布教所の働きが、今も消えることなく記されている。

ヒデヨ母の普請

普請は順風満帆《じゅんぷうまんぱん》に進んだ。その理は、ヒデヨ母のまいてくれた種がすべてである。

「私はな、子宮のシコリの身上《みじょう》をご守護いただいた時、『これからは、わが身のことにハンカチ一枚買いません。買ったと思って、すべて人だすけのご用に使っていただきます』と神様にお誓いしたのやで」

と、おばあちゃんは口癖のように若い私に話していた。

そんな深い心を悟れなかった私は、ある日ヒデヨ母と二人でおたすけのご用を済ませての帰り道、デパートに入ろうと誘った。ヒデヨ母は養子の私にいつも「おまえが可愛くてならんのやで」と言っていたので、〃今日はおばあちゃんに何か一つ買ってもらおう。後々の記念になる〃という下心があったのである。

デパートに入って、まばゆいような顔をしているヒデヨ母に、「これええなあ――」と、買ってくれと言わんばかりに指差した。けれど、買ってやろうとは言わない。次々と品物を見て回りながら、何回となく「おお、これが安くていいなあ」と繰り返してみたが、買ってくれそうな気配はまったくない。それどころか、私が言うたびに財布を胸の奥へと押し込んでいる。私はあきらめて外へ出た。ヒデヨ母は、「はあ、エエもの見せてもろうてよかったなあ」と言ったが、私はいっこうによくなかった。

それから十数年が過ぎて、ヒデヨ母は七十六歳で出直した。ヒデヨ母のお道のご用は、すべておつくしであった。教理を説くことは二も三もの次で、「つくせばいいんだ。つくせばたすかるんだ」と、その一点ばりで、それしか知らないようであった。

ヒデヨ母の出直しのあと、今の普請が一文無しから始まった。大工さんが材料を入れ始めたら、お金が湧《わ》き出るように集まってきた。毎月毎月分厚い札束が、一カ月も途切れることなく普請の完成まで続いた。そのご守護のありさまは、不思議さを超えて見事なものであった。借金は一文も残らずに一切が終わった。

私は事あるたびに、亡きヒデヨ母の墓前に座った。「おばあちゃん、地均しやで……。今日は材木の買い入れや……。今朝《けさ》はいよいよ棟上げや。おばあちゃんの普請やで。しっかり頼むで」と、全部報告し、何回もお礼を申した。

そして何回か、「あのデパートの時のこと、堪忍《かんにん》してや」と謝った。可愛くてならん私が、欲しそうに指差してねだった時、ヒデヨ母はどれだけ私に買ってやりたかったことだろうか。しかし、神様への誓いを破らず、今日の日のために徳を積んで積んで積み切り、種をたくさんまいておいてくれたのである。ヒデヨ母のこの種まきの姿がいま、私の胸をキューーッとしめつける。

涙をふみ越え

青いコンクリートの肌が長々と続く。神殿の基礎打ちも仕上がった。「さあ、いよいよこの上に神殿が建つのだ」と思うと心が弾み、皆々の心も勇む。

私は普請の打ち出しの時に、家内に「今回の普請はおまえが責任を持ってやれよ」と話していた。「ハイ、やらせていただきます」と、気前のいい返事をしたことに、私は〝軽い返事やなあ〟と訝《いぶか》ったものである。私から家内にお金を渡すということは、嫁に来た時から一文無しの状態であったから慣れているとはいえ、数千万円の費用は家内にとって莫大《ばくだい》なお金に違いない。それをいとも簡単に受け取り、その責任の上に動き回っている姿には、信仰そのものの美しさがあった。

土地の買収をはじめ、地均し、会計の一切、登記、願書に至るまで、私は何一つせず、すべて家内がつとめた。さらに、すべてはおたすけが台となってのことゆえ、単車に乗って方々へ駆けずり回っていた。

そのころ、家内は六番目の子を妊娠し、ちょうど八カ月目だった。ある朝のこと、

「お腹《なか》の調子が悪いのですが」

と訴えたので、

「悪いからこそ動かしていただくのや」

と励ました。

「いや、それが普通じゃないんです」

「普通でも急行でもいい。今は田植え時と一緒や、一服はならん。つとめてこい。ご守護いただく」

と、私は引かなかった。家内は「ハイ」と言って、そのまま単車に乗って勢いよく外へ走り出た。

それから数日後、

「会長さん、お腹の子が動かなくなりました。ひょっとすると死んでいるのかもしれません――」

と、呼吸を荒くして言った。

「それじゃあ医者に行ってみい」

と言いながら、内心〝どうか息がありますように〟と祈り続けた。結果は家内の言ったとおりで、死んではや五日くらいになるとのことであった。

病院の廊下で、死産の処置がなされる間、〝今度の子は私が殺したようなものや〟と、深くお詫《わ》びをした。どんな時も、どんな場合も、自分より、また妻や子供よりも、お道の方がはるかに優先していた。薄暗い廊下の板にポトリと悔恨《かいこん》の涙が落ちた。〝妻に詫び、子に詫びる生涯〟という心定めが、この時にできた。

「どんな荒っぽい無理をしたのか知らんが、へその緒《お》が殊《こと》のほか、よじれていました。それで死んだのでしょう」

と、医者は説明してくれた。

「とても可愛い女の子でしたよ」

と看護婦さんから聞いて、胸に針を刺される思いであった。素直に家内に詫びた。

家内も涙を流しながら、

「皆さんが一生懸命頑張ってくださっている時に、わが子に心が向いていては十分なご用もできないから、一時、神様が預かってくださったんでしょう」

と言っていた。

小さな玩具《がんぐ》のような骨壺《こつつぼ》を抱えて、お墓に埋葬した。〝むごい父ちゃんを許してや。またすぐ戻っておいでや……〟と、亡きわが子に語りかけ、生まれたらすぐに使えるようにと信者さんが用意してくださっていた赤い小さな靴や、可愛い肌着に玩具も添えて、土をかぶせた。

そうしたふしの中にも、建築の方は順調に進んでいった。

そんなある日、中年の男の信者さんが参拝に見えた。その方にしばし、おたすけの話を取り次がせていただいた。夕食を共に済ませ、その後、船着き場まで見送った。

信者さんが船に乗り、甲板に立つと、やがてドラが鳴って船が桟橋《さんばし》を静かに離れ始めた。その途端、

「会長さん、お金はいらんのかね?」

と、だしぬけに大声を出した。

「そりゃ普請しているのやもの、いるがなあー」

と返事をしたら、

「そんなら言うてくれんと、私の予算が立たんがなあー」

「そうか、たくさんさしてもろときや」

「よっしゃ。分かった、分かった」

と、かなり離れた船から信者さんは大声を張り上げていた。

信者さんは、普請の最中だから、教会に参拝したらきっとお金の話が出るやろうと思っていたら、会長と二時間に余って話をしたのに、お金の話はいっこうに出てこない。別れ際に言うのかなあと思っていたら、ついに言い出さない。船が動き出したので、たまりかねて「お金はいらんのかね?」と言ったというのである。

たすけふしんは親神様が建築主である。すべて親神様のなさることで、会長である私も、お手伝いをさせていただいている一人にすぎない。私たちはただ、人だすけに専念すればよいのであって、必要なものは親神様がキチンと集めてくださるのである。

晴れの日

棟上げの日が近づいた。二カ月前の七月二日に棟の上がった炊事場に続き、神殿の棟上げである。間口五間《けん》、奥行き十間半の二階建てである。

上棟式の準備もほとんど出来上がった。棟上げの日は半年も前から、昭和四十七年九月十八日と決まっていた。ところが、その前日に台風がやって来て、今治市を風と雨で大掃除してくれた。その嵐の中を棟梁《とうりょう》が教会へやって来て、

「こんなひどい嵐では明日はとても棟上げができないと思うから、いつに日を延ばすか相談に来たんですが……」

と言う。それを聞いて私は、

「明日は雨がやみますよ。どうか決めた日にしてください」

と答えた。

「いや、明日天気になっても、材木も濡《ぬ》れていて危険ですし」

と棟梁は引かない。

「そうですか。あなたが棟梁だから、じゃあ、そのとおりにしましょう」

ということで、一日遅らせることとなった。

翌朝、目覚めた私は、雲一つない日本晴れを見た。あらためて棟梁に電話をすると、「昨日みんなに変更を言ってしまっているので……」という返事だった。〝それでいい〟と、明日を待った。

その日も、前日に続き晴天の朝を迎えた。大型のクレーン車もフル回転、みるみるうちに棟が上がっていく。大勢の信者さんの勇みに勇んだ姿が見られる。その姿の中で私は、何度となく「教祖！　教祖！」と口ずさみながら、感激の涙が止まらなかった。

五分どおり進んだところで昼食になった。皆がにぎやかに食事にかかろうとした時、にわかに曇ってきて、大粒の雨がパラパラと降ってきた。棟梁がしみじみと、「やっぱり会長さんの言うことは神様の言うことじゃなあ――」と話していた。

翌日にも雨が降った。半年前に決めた九月十八日は、前日が台風で、定めた日だけ日本晴れ、翌日は昼に雨、その次の日は一日中雨となった。私は天気予報官ではない。晴天の理を頂く心の使い方が大切であると、つくづく思うのである。信者さんたちは、「会長さんの言うことを聞いておれば何一つ間違いないのや」と、口々に言ったものである。

棟上げは二日にわたった。その夕方、道具の片付けをしていたら、大声が飛んだ。
「たいへんや。すぐ来てくれ！」

「なんや！」

「クレーンの車輪が汽車のレールに落ち込んで上がらんのや！」

「皆、丸太を持って走れ！」

棟梁の指図に、踏切へと走った。

来てみると、ものの見事に踏切の角で、車輪を落とし込んだ形でクレーン車が止まっている。四国の幹線である予讃《よさん》本線のこと、いつ列車が走ってくるか分からない。一人が「駅へ電話を――」と走った。みんな必死になって、丸太をテコにして根《こん》かぎり突き上げた。〝なむ天理王命、なむ天理王命〟と、私は心に祈り続けた。クレーン車のエンジン音がゴウゴウと鳴り響き、やっとのことで動き始めた。

「上がった！　上がった！」

歓声を上げながら丸太を引き上げるのと同時に警笛が聞こえ、急行列車が突進してきた。あと二、三分遅れていたら、大型クレーン車の横腹に急行列車が突っ込み、どんな大惨事を起こしていたかと思うと、身震いがした。

たすけ心一つに皆々の心が定まるなら、親神様は必ず難儀はよけてくださるということを見せていただいたのだと思う。その裏で私自身、うわ調子になりかかっていた己《おの》が心を締めなおしてお詫び申し、見事なご守護に皆で深くお礼申し上げた。

普請中、どれほど冷や汗と感激、お詫びとお礼を繰り返したことか……。

わが子の命にかえて

神殿もほとんど外郭《がいかく》が出来上がり、内造りが始まったころである。ある風の強い日であった。カタカタと単調な障子の音が、夕づとめを終えた私の耳に響いてくる。

「こんばんは」

障子が開いて、単独布教の真っ最中であったSさんが入ってきた。

「会長さん、おたすけしてやってください」

と、勢い込んで切り出した。

「何のおたすけや？」

「胃がんです」

「どんな状態なのか話してみい」

「実は、ある家の長男で、小さい子供が二人います。胃がんはもう末期で、医者はたすかる見込みはまったくないと言うのです。ところが、ふとしたことからにをいがかかり、『どうでもたすけてほしい』と親のたっての願いで、私が『どんなことでも聞いてくださいますか?』と尋ねたら、『どんなことでも聞く』との返事も頂いているのです。どうか、たすけてやってください」

「胃がんの末期か……」

私はしばらく目をつぶって思案した。〝普請は内造りにかかっている。この旬に人だすけのご用をさせてあげたらたすかる。まさに、たすけふしんへの台になる。逃げてはならん〟と心は定まった。

「よし、そのおたすけ、引き受けさせていただこう」

と快諾した。

「ただし、このおたすけはな、Sさん、あんたがにをいをかけた子やよって、どんな厳しいことがあっても、最後までつききるのやで」

と、だめ押しをしておいた。

おたすけは始まった。私はかつて、胃がんの末期の人を見事にご守護いただいたが、その経験が心強かった。早速、病院を訪ねると、ドアには〝面会謝絶〟の札がかかっていた。ベッドに細い身体《からだ》を横たえていたMさんは、私の顔を見るのもやっとらしく、細目を開けて、ぼんやりと空間の一点を見ていた。やせ細った身体にお腹ばかりがきんきんに張りつめ、真っ黒い便がやっとの思いで少し出るといった状態である。医者はあと数日の命だと言う。

私はMさんの両親に、道の理をだんだんと取り次がせていただき、

「今ちょうど、たすけふしんの真っ最中であるから、しっかり心を定めて人だすけのご用に伏せ込ませていただいたら、ご守護いただきますよ」

とお話し申し、Sさんに「ともかく、しっかりおつくしをさせなさいよ」と、だめを押した。Sさんは「いくらくらいしていただいたら、たすかるのですか？」と聞く。

「どれほどというような決まりはない。しかし、無い命をたすけていただくのやよって、軽くてはたすからんで」

「では、重い方でいきましょう。私は分かりませんので、会長さん、教えてください」

「そうか。そんなら今、戸や障子を入れている真っ最中やから、それらを全部Mさんに伏せ込ませておあげ」

「ハイ、分かりました」

　Sさんは二つ返事で引き受けてくれた。

その翌々日、SさんはMさんの真実である障子代金を私の所へ届けに来た。

「会長さんの言われたとおり、させていただきました。人だすけのお手伝いはこれでよろしいでしょうか」

と、私の手に重たいお供えを載せた。Sさんの顔は緊張で硬直している。

「さあ、明るい陽気な心がいるのやで。みんなでお願いづとめにかからせていただこう」

と、一手一つに心をそろえて、おつとめにかからせていただいた。真実のお供えは、上級教会へと理を添えて送らせていただき、私は早朝に、家内は晩にと、それぞれ身を清めて、片道二〇キロの道を毎日おさづけに運ばせていただいた。

病状は一進一退である。十日たち、二十日が過ぎた。

「まだ理が軽い証拠や。さらにしっかり、真実をつくしていただくように」とSさんに話すと、「ハイ」と返事をして、その翌日、分厚い封筒をお供えに運んできた。

さらに私は、おぢばの理の大切なことを話し、家族の主な人をはじめ、親族の代表者三名に、早速おぢば帰りをしていただいた。もちろん本人にも「ご守護を頂いた暁《あかつき》には、必ずたすけ一条のご用をさせていただきます」との心定めもしていただいた。にもかかわらず、身上は悪化する一方であった。

そうしたある底冷えの厳しい夜、電話のベルが鳴った。家内からである。

「何や？」

「いま、Mさんからの帰りです。ここまで車を走らせてきたのですが、目が回って、目の前が真っ暗になって、もう走れません……。迎えに来てください……」

と、途切れ途切れに言う。

「そこまで帰っているのなら、もう一息や。教祖にお願いして帰ってこい」

「駄目です。これ以上走ると、どこへ飛び込むか分かりません」

時計は夜の十一時を指している。

「ヨシ、そのままそこで待っておれよ」

私はハイヤーに乗った。満足に食事も取らず、真実の限りを燃やし続けるにも限度があった。家内はやっとのことで電話ボックスにたどり着いたのであろう。まるでタコのようにふにゃふにゃして痛ましかった。

翌朝、Mさんの父親に会って、このことをチラと漏《も》らした時、「奥さんが倒れたとしても、私の子をたすけてもらわにゃならん……」と言われ、私はギクッとした。これではたすかるはずはない。私はその心の使い方の間違いを、噛《か》んで含めるようにあらためて諭した。まだ信仰の浅い人は、「どんなことをしても、たすけてもらいたい」との心ばかりが先に立って、神様のお話は上《うわ》の空になりやすく、理の治め方などほど遠いことを、あらためて知らされた思いだった。

しかし私は、〝どのようなことがあっても最後までつとめきりたい〟と、さらに次の道を目指して歩を進めた。それは私の持てる最後の切り札であった。

静かな朝だった。家内を呼んで、

「Mさんの身上がどうしてもご守護いただけない。それについて、おまえに一つ、心定めをしてほしいのやが」

と切り出した。

「させていただきます」

「どんなことでも定めてくれるか？」

「ハイ、どのようなことでも心定めします。言うてください」

「洋志朗《よしろう》を神様にお供えしてほしいのや」

心を静めて、ゆっくり言った。家内の眉《まゆ》がピクリと動いた。かと思うと、みるみる顔全体が苦悩に歪《ゆが》んだ。

「それはできません……」

と言うなり、涙を吹き出して唇《くちびる》をかんだ。

その時、私たち夫婦の命もすでに親神様へお供えしての祈願であった。このほかに私たちは、真実込める何ものをも持ち合わせていなかったのである。五人目の洋志朗が、可愛い盛りの三歳で、あどけない顔をして遊んでいる姿は、私たち夫婦のどんなものにも替えられない宝であった。私はその宝をお供えして、「わが子の命と引き替えに、Mさんの命を延ばしてやってほしい」と思った。しかし、家内の承諾がいる。

「おまえ、教祖がわが子二人の命をお供えして、他人《ひと》の子の命を救われたことを知っているだろう。今こそ教祖の胸中を分からせていただく絶好の旬やないか」

「…………」

私は、母親としての苦しみがどれほど大きいものかを、ここに至ってあらためてこの目で見た。さらに、

「人間は生まれかわり出かわりするのやで。だから洋志朗が出直しても、すぐまた、おまえのお腹へ宿って帰ってくるのやないか」

と、理の世界を話しても、ただ涙を滝のように流して首を縦に振ってくれなかった。

「そうか、どう話しても聞いてくれないのなら里へ帰れ！　たすけ一条の教会に、

たすけ一条の心のない者は置くことはできん！」

と私は言い放った。

「ハイ」

家内は奥の間に入ってしまった。私はなんとも言いようのない苦しみの世界をさまよった。これまで、どんな道中も共に通ってきた家内が、最後の一線で脱落してしまうことは、あまりにも不憫《ふびん》でならなかった。そうかといって、情に流されてMさんを見捨てる心にもなれず、じりじりと身を焦がす思いで、じっと目をつぶっていた。

ふっと私の心に一つの思いが走った。〝そうや、これや……〟と、私は家内の前に行き、

「今までずいぶん道のために、むごいことをさせてきた。すまんかった、許してくれ。二度とこんな無理は言わんと誓うから、今度だけ聞いてくれ。頼む！」

と、頭を下げて頼んだ。その姿に家内の心にも真実の灯《ひ》がついた。

「教祖が通られた道なら、私も通ってみます。洋志朗をお供えさせていただきま

す」

と心に定めてくれた。

「よう定めてくれたなあ――」

と家内の手を握りしめて、今度は私の目から涙がどっとあふれ出た。

私は木でも石でもない。子煩悩《こぼんのう》な私は、末っ子の洋志朗を特にいとおしく思い、しょっちゅうおたすけに連れ歩いていた。家内の心定めがつくと今度は、私の心をたまらない苦しみが覆《おお》った。夫婦で心定めの由《よし》を親神様に申し上げ、心を合わせてMさんのお願いづとめにかかった。二人ともおつとめの声が途切れ途切れで、すぐ涙声に変わった。

終わるとすぐ、私は、婦人会総会の記念講演を頼まれていたので外へ出た。頭の中はまるで空っぽであった。

途中、バスの停留所で「二宮先生！」と声をかけられた。「やあ、こんにちは」と返事をしたが、涙で目がボーッとかすみ、それが誰であったか判然としなかった。

バスが来たので乗った。講演の会場を思い出せないまま、ある停留所で降りた。

どうやら降りる停留所を間違えたらしい。近くに止まっていたタクシーに乗せてもらった。

「どちらまで?」

「あっちの方向に走ってください」

それしか答えられなかった。誰とも話をしたくなかったし、会いたくもなかった。

ただただ、涙があふれてきた。止めようとも思わなかった。

なんとか講演会場に着いて、お話を始めた。最初から涙声が出て、聞いていた人が不審な顔をしているのが私にはたまらなかった。〝いかにお道とはいえ、なんでここまで人のためにせにゃならんのか〟と自問自答した。

〝教祖の道をお慕いしたい〟。いつもそればかり思い続けた結果でもあったが、しかし現実はあまりにも苦しかった。教祖は二人の子を捧《ささ》げられた時、どんな苦しみであらせられたかが身にしみて感じられた。

私がMさんをおたすけして教会へ帰ってみると、真新しいおもちゃが神様にお供えしてあった。〝どうしたのだろう?〟と思って家内に尋ねると、

「私の洋志朗に対する、せめてものお詫《わ》びの気持ちです。間もなく出直す洋志朗に、せめて、このおもちゃで遊ばせてやりたかったんです」

と、私をにらみつけるようにして言った。それまで子供におもちゃなど買ったことも与えたこともなかった家内である。

「情に流れるなよ。定めた心をつき通せよ」

と言って、さらに真実込めてお願いづとめにかからせていただいた。

私が二十日からのおぢば帰りの途中、上級教会につとめていた時、家内からMさんの出直しを聞いた。何べんも問いただしたが、Mさんの出直しは間違いではなかった。

〝そんなはずはない。なんでやろう？　どうしてやろう？〟と心の中で叫んだ。〝ここまでつききった真実を、親神様が受け取られないはずはない〟と訝《いぶか》った。が、出直しは間違いなかった。

それから一カ月ほどたったある日のこと、Mさんの身上願いを頼んできた布教中のSさんと二人で食事をしていた時、突然「会長さん、すみませんでした」と言っ

て、Sさんが泣きだした。「急にどうしたのや？」と尋ねると、

「私はMさんの身上をお願いしながら、途中で心を倒してしまったんです。実は会長さんご夫妻がお願いづとめにかかってくださっていた時、奥さんのいつにない厳しいお顔に『何かあったんですか？　何を心定めされたんですか』と聞いたんです。が、なかなか教えてくださらないので『どうしても教えてくださらないのなら、もう布教をやめます』と言うと、奥さんは、洋志朗君をお供えされたことを初めて私に教えてくださったのです。それを聞いて、びっくりもし、その心定めを恨めしくも思いました。なんぼにも、あの可愛い洋志朗君を身代わりにはようせんと、私はおたすけを投げ出してしまったのです。もういい、もうこんな厳しいお道は嫌や、と、すっかり心を倒してしまったのです。Mさんの身上に会長さんご夫妻が込められる真実に、私がすくんでしまったら、Mさんの身上はたすかるはずがないのも分かりつつ、どうにも仕方がなかったのです」

と涙ながらに訴えた。

「バカモン！」と一喝しかけて、Sさんの洋志朗を思うてくれる気持ちを察し、「も

う済んでしまったことはそれでいい」と、私も涙で声が詰まった。

願い人であったSさんの心が、まさかおたすけと反対方向に動いているとは夢にも思わなかった。会長である私と布教師であるSさんとが、もっと深くねり合い、心を一つに合わせておれば、このことは未然に防げたであろうと、Sさんを叱《しか》るどころか自分のおろかさが深く胸を刺し、自らへの強い反省となった。

わが子の命をかけてでも人をたすけるということは、教祖が月日のやしろとなられる以前にうかがわれることであるが、あくまでも私自身が常々、狂おしいほど教祖を慕う一筋な思いが、このような形となって現れたのである。

今日も顔中泥んこにして、教会の境内で友達と走りまわっている無邪気な洋志朗を見ると、あらためてまた新しい涙が吹き出てくる。父親の情として〝こんなに可愛い子を〟と思うと、洋志朗に生涯お詫びして通ろうと、いつも心に言い聞かせている。

「今日までのおたすけの中で一番苦しかったことは?」と尋ねられたら、このことが一番先に浮かび上がってくる。

よろこび今ここに

昭和四十八年五月五日、雲一つない晴天のご守護を頂いて、瀬戸路分教会移転建築落成奉告祭が執り行われた。

今治市大浜《おおはま》甲与助山《よすけやま》三一一の一番地である。与助山とは「助けを与える山」と読める。十数年前、単独布教のために今治港へ着いた朝、「あの山の麓《ふもと》で出直すのかなあ」と覚悟を決めたあの山は、近見山であった。その麓に与助山があり、いまそこへ見事に人だすけの神殿が建ったのである。

大教会長様ご夫妻をはじめ、教区長、今治市長と、多数の来賓をお迎えして、二百数十名の参拝者の中、おつとめの手もあり余る真実を頂き、勇みに勇んでつとめさせていただいた。

元気いっぱい陽気に勇んだ鳴物の音に心を合わせて、一手一つにてをどりがつとめられた。その一人ひとりの顔を拝みながら、「あの人は、よくここまで通ってくれたなあ――。ああ、この人も頑張ってくれたなあ――」と、おつとめの始めから終わりまで、喜びの涙が頬《ほお》を伝わって切れなかった。誰彼なく、みんな一生懸命に踏ん張ってくれた。

「普請完成の暁《あかつき》に、陰に隠れんならんようなつくし方をせず、それぞれの立場で精いっぱいつとめてくれるように。そして奉告祭の当日は、胸を張って堂々とつとめさせていただくように」

と、私は常々話していた。どの人もいじけることなく、力いっぱい胸を張って、おつとめをつとめてくれた。普請のための落伍者《らくごしゃ》のなかったことが、私の一番嬉《うれ》しいことであった。

生活保護を受けている八十六歳の老婦人Ｈさんも負けてはいなかった。町まで行くのにバスに乗らず、百円玉を何万円分も貯《た》めて、つくしてくだされた。そのＨさんも、すりがねを必要以上に力を込めて打っているのが目に映る。

今日のこの喜びを誰よりもまず、出直したヒデヨ母に喜んでほしいと思い、微笑《ほほえ》んだヒデヨ母の額を客間に掲げた。さらに植木《うえき》ハツさんに深くお礼を申し上げた。

奉告祭が終わった時、「会長さん、これを記念に買わしていただきました。おたすけに使ってください」と、立派な腕時計を贈ってくださった。母子が細々と暮らしている中から、長い間の小遣いを貯めて、やっと買い求めた時計と聞いて、その真心に涙し、厚くお礼を申した。

思えば、この真新しい神殿の柱一本、畳一枚、電球一つひとつの中に、どれだけ多くの人たちの真実が伏せ込まれていることか。神殿に座るといつも胸があつくなる。〝お道の普請はいいなあ〟と、つくづく思った。感激と感動が連続した普請であった。普請を通して、次々と多くの人々がたすかった。また、普請を通して信者さんの心が一段と光を増した。この真心が集まった神殿でこそ、どんな人でもたすかっていただくであろう――と思い、感激を新たにしたのである。

実の結ぶ日へ

親の与え

布教の駆け出しのころ、寝床の中で、柄《がら》になく冷《ひ》や奴《やっこ》が食べたくなった。

「オーイ、今朝《けさ》はひとつ張り込んで、冷や奴を一丁食べさせてくれよ」

と言うと、家内は「ハイ」と返事をして表へ出たが、またすぐ戻ってきた。

「今日は神様が、豆腐を食うなとおっしゃいます」

と言う。見ると財布を逆さにして振り、豆腐を買うお金がありません……と示している。

「そうか、じゃあ、塩かけて頂こうや」と、塩ふりメシでご飯を食べた。

家内が、「幼稚園に納めるお金が二千円ないのですが、どうしましょう」と言う。

「そうやなあ、しばらく休ませておけや」

「そうしましょう」

と、気持ちよく相づちを打って、子供に「神様のお手伝いを一緒にしてや。頼むわ」と明るい声で頼んでいる。四、五日して二千円のご守護を頂いたので、その翌日からまた幼稚園行きのバスに乗せた。

私は今でも、疲れてくると左足が重苦しくなり、ひきずるようにして歩く。「会長さん、足がお悪いのですか?」と尋ねられると、「そうや、わしは元々足が悪いのや」と答える。さらに、「この足の不自由のおかげで、自分の心を成人させていただけましたんや」と、誰にでも嬉《うれ》しげに話す。

バス団参のあと、ある信者さんのところへ行ったら〝案内の仕方が悪かった〟と、二時間もの間、文句を言われた。私は〝教祖《おやさま》がいま、怒られよとおっしゃっているのやなあ〟と悟り、「そりゃすまなんだ。この会長が悪かった」とうなずいていた。その人は口がだるくなったのか、小言をやめてしまった。私はさらにお詫《わ》びを添えて、教会へ帰ってきた。

数日後、私に文句をたらふく言った人が「会長さん、この間はすまんことでした。いつもの癖が出て、言いたい放題なことを言うて、許してくださいよ」と謝りに来た。

「いや、理の子が理の親にやんちゃを言うてくれる。やんちゃを言うてもらえる親に、やっとなれたんやなあと、喜んでいたんですよ。イライラしたらまた、私に甘えてくださいよ」

と話して笑った。

「成ってくるのが天の理」。まことにそのままである。どんなことも、どんな道も皆、親神様からのお与えである。自分にとって都合の善《よ》し悪《あ》しで判断してはならない。小から大まで、成ってきた理にただの一つもそつはない。それを信じたい。素直にスーッと受けて、さらに成人させていただくのがお道の極意であると思う。

さらに私は、前生《ぜんしょう》の道をいつもよく語る。ある時、

「あんたはなあ、前生にずいぶん人の甘い汁を吸って、自分はラクをして通ってき

ておるのやで」

とB子さんに諭すと、

「会長さん、私は何べんとなく前生ということを教えてもらうのやけど、どうしても前生があるという心になれないのよ」

と答える。B子さんは、もう数年にわたって患い、何度かの入院を重ねている。

「あんたが信じようと信じまいと関係なく、お日様は朝にお上りくださる。雨も降り、風も吹きますのや。大きく言えば、この地球も回っているのやで。あんたが考えているほど、この世はちゃちなものではない。大自然という天の理は、ちょっとの狂いもなく動いているのや。また、身近な例を言うと、まかぬ種は一つも生やしてないとも教えられているんやで。今日あんたが苦しんでいる姿は、あんた自身、今までを振り返って身に覚えはあるかね？」

「いいえ、私は生まれてから今日まで、どう考えてもそんなに人を苦しめてきた覚えがないのです」

「だからこそ、前生にまいた種を、今生へ持ち越してきていることを悟らねばならんのや」

「それを何十回となく聞くのに、まだ前生があると信じられずにいるのです」

「それじゃあ、信じられるように教えてあげよう。今日から一日一日、必ず心の中で、『前生はある。私が前生で人をずいぶん痛めてきたから、今日の苦しみを通り返させていただいていますのや。教祖、ありがとうございます』と言いなさい。それを毎日繰り返すのや。信仰とは心に繰り返すことなんや。繰り返す中に、だんだんその心が芽生え育ち、本心から前生があると信じることができるようになってくるのや」

「信じられなくても毎日、心の中で言えばいいのですね」

「そうや」

「今日からやってみます」

B子さんはその後間もなく、今までにない明るさを取り戻し退院の運びとなった。

前生いんねんのさんげができなければ、できるまで何十年かかろうとも、何度も何度も繰り返す必要がある。前生いんねんの自覚のつかない信仰というのは、砂の上に家を建てるようなもので、末代への魂のたすかりはあり得ない。前生を信じることができ、いんねんの自覚がついて初めて、たんのうが心に治まる。私自身、三十年の道をここにたどらせていただきながら、まだたんのうの心が治まらず、癖性分がむっくり頭をもたげることがある。

真実の道を生涯、命がけで通りながら、たんのうが治まらずに、いんねんを切り替えることができないまま、苦しみながら出直していく姿は、あまりにもみじめである。

ある日のこと、家内が「掃除機が埃《ほこり》を吸わなくなりました」と言うので、モーターのところを開けてみると、五センチばかりの隙間《すきま》にギッシリと埃が固まってくっついていた。家内を呼ぶと、その埃を見るなり、

「わあー、こんなに埃が積もっていたんですか。まるで会長さんみたいですね」

「あほなこと言うな」

と言い返したものの、胸に五寸釘《くぎ》を打たれた思いがした。

掃除機は、周囲の埃を吸い取るのが役目でありながら、自分自身にたまった埃を

知らずにいる。そしてやがて、埃のために動かなくなってしまったというわけである。わが身に引きかえてみると、人のほこりを掃除する私が、私自身のほこりにうずもれてしまうとすれば、目も当てられない哀れな姿となるであろう。ある先人に「道はなあ、己の胸三寸につけますのやで」と教えていただいた言葉に、身震いがする日々でもある。

子供と共に

お産のために大和《やまと》へ帰っていた家内から、「チョウナンアンザンシマシタ　スズヨ」という電報を受け取るなり、私は、親神様の前で十二下りをつとめさせていただき、ひたすら「道のご用に生涯働いてくれますように――」と祈った。その晩、一人ぼっちではあったけれど、なけなしの中から赤飯を炊いて、長男の分と家内の分の膳《ぜん》をつくり、道のご用に生まれた長男を心から祝《いお》うてやった。

秀人《ひでひと》と名づけた長男が一歳を迎えると、おしめ、おもちゃ、新聞、タオル、粉ミルクなどを手提《さ》げに入れ、子供を背負ってのおぢば帰りが毎月続いた。幼い秀人の魂に、人だすけのおぢばの理を頂くためであった。

ある日のこと、大阪から船に乗り込もうとする寸前、秀人の顔が急にこわばり始めた。〃アッ、やりよったなあ〃と、すぐ分かった。大急ぎでオシメを替え始めた。改札が始まって、乗り込む人たちの列が動き出した。私はとっさに、ウンチごと丸めたオシメを背広のふところへねじ込んで、秀人を背に、荷物を提げて急ぎ足で乗り込んだ。

ドラが鳴り、船が出た。船は超満員である。やっとのことで秀人を胸のところにかき寄せて、私も横になった。そのまま眠り込んでしまったらしい。

翌朝、今治に着くという船内放送で目を覚ますと、何かしらプンプンと臭《にお》う。〃何の臭いやろう〃と訝《いぶか》りつつ、ふと背広の胸のところを押さえた。〃アッ！　こいつや〃と気づいた。昨夜、大あわてで服の中へねじ込んだウンチが私の体温でぬくもって、臭いを発散していたのである。

このような子連れの私を見て、「今月もコブつきやなあ」と笑う友人もいた。しかし私は、やがての日に、秀人が世界たすけのご用に勇ましく働いてくれるであろうことを思うと、なんと言われようと、臭かろうと、なんでもなかった。

幼稚園へ行くまでは、おたすけに、講社づとめに、いつも連れて歩いた。私がお話を取り次がせていただいている間、古紙の裏に鉛筆で絵を描くのが秀人の仕事であった。講社づとめが三つも続くと、「父ちゃん、今日は踊ってばっかりやんか！」と、文句を言うていた。

「お道はな、いつも踊らな人はたすからへんのやで」

と言うと、「ふーん」と分かったふうに首を振っていた。幼いころに目に見せ、耳に聞かせて実際に連れて歩くことが、生涯にどれほど大きな価値となるかを私は信じている。

秀人が幼稚園に入ってから、教会の月次祭には、いつ知らず幼稚園を休む習慣がついた。小学校に入ってからも自然と同じように休んで、教会のご用をつとめてくれるようになった。

次々と生まれ育ってくれた妹や弟たちも、みんな長男と同じように月次祭のご用に励むようになった。長女の早苗《さなえ》は少しばかりやり手で、副委員長もつとめる上から、学校を休むことを少々ためらうこともあった。
しかし私は、そのたびごとに子供たちへ、

さあ〳〵月日がありてこの世界あり、世界ありてそれ〳〵あり、それ〳〵ありて身の内あり、身の内ありて律あり、律ありても心定めが第一やで。

（明治20・1・13）

というおさしづの思いを、何回となく分かりやすくほどいて聞かせ、この世は神様のことが一番先であることを諭した。特に私自身、小学二年生のころ、筋肉炎という大病を患って一年間病み通し、ついに三年生になることができず、一級下のクラスに編入されたものである。その時のわびしさは、子供心に耐えられないものであった。わが子に私の苦しみを味わわせたくなかった。
「どんなにおまえたちがああしたい、こうしたいと心に思っても、病気で何年もの間、寝込んでしまったら何もできやしない。元気な身体《からだ》を神様に守っていただくことが第一だろう。そのためには、親神様のことを一番に考えてほしい。やがての日に、世界たすけの上に自由自在《じゅうようじざい》に働いてくれるであろう、おまえたちのことである。

〃一に神様や人のことを思い、二にわがことや〃という心で育つことが、生涯の素晴らしい宝物になる日がきっとある。どうか分かっておくれ。頼む」

子供たちに真実な思いを込めて、お願いする姿勢で頼んだ。

このことは決して親から強制したものではない。言わず語らずのうちに、そう成ってきたのである。

朝づとめには子供たち五人が、全員そろって飛び起きる。初めのころは夏の朝、四時半に起こすのが大変であった。かたつむりのように可愛《かわい》い身体を丸めて、ぐっすりと眠っている幼い子供を起こすには、親の方に相当の勇気を必要とした。「可愛い可愛いが、やがて可哀相《かわいそう》な子に育ててしまうのやで」と聞かせていただいたことがあった。己《おの》が心に鞭《むち》を当てて、何べんか揺り動かし、祈る心で起こすのが常であった。

また、便所掃除をするように導き、特に便器を磨くように掃除の仕方を教えた。初めのころは「臭いなあ」と鼻をつまんでいたが、もう慣れてしまったようである。

こうした中にも、私は子供と風呂《ふろ》に入ることを好んだ。それが私の子供に対する、せめてもの愛情の表現であり、心の触れ合いだとも思ってのことである。子供の背中を流してやりながら、「おまえ、教会は貧乏やと思うか？」と聞くと、「思わん！」ときっぱり答えてくれたのが嬉しかった。「どれ位《くらい》つまらんとても、つまらんと言うな。乞食《こじき》はさゝぬ」と、教祖がこかん様にお教えくだされたことが思い出された。

一日にたとえ十円でも、小遣いらしいものを与えたことはない。おもちゃは石コロか木のはしくれが主で、使い古しの自転車を乗り回している。また、ほとんどが信者さんからのおさがりの服で育ってくれた。それでいて、お正月に信者さんから頂いたお年玉を、元日の晩には十円も残さずみんな封筒に入れて、「困っている人たちのために使《つこ》うてや」と差し出す。それが毎年のことである。私は正月ぐらいお金を使わしてやりたい思いがする。そう思いながら、この子供たちの純な気持ちに涙するのである。

幼稚園へ弁当を持っていっていたころ、子供が、

「父ちゃん、みんなの弁当は白いのに、僕の弁当だけ黒いんぞ」

と言った。なるほど、今では弁当には白米が入っているのが普通である。ところが

私の教会では、いつも麦を入れて炊く。「教祖のことを思えば、ぜいたくはならん」と、私が心に定めているからである。

「黒いのが嫌なら持っていくな」

と言うと、

「持っていかんかったら腹がすくー」

「そんなら持っていけ」

「持っていったるが！」

と、子供も負けていない。住み込んでいる人が「ちょっとだけ、別に米ばかり炊いてやってくださいよ」と口添えをしたが、

「何を言うのか。麦飯でさえ、ひながたを思えばもったいないのに……」

と、黒い冷たいご飯でつききった。

　子供たちの心はしごく明るい。親の心に「貧乏だ、貧しいんだ、お道はやむを得んのだ」という思いが潜んでいるとしたら、どれだけ恵まれた生活の中でも、子供の心に〝僕は貧しいのだなあ〟という理が映ってしまうだろう。

その点、私たち夫婦は〝教祖のこと思ったら、もったいなすぎるなあ〟と、口癖のように語り、子供にその思いを映してきたように思う。

さらに、「現在は不自由をしているが、今に結構になるから、しばらく辛抱《しんぼう》しとれや」という思いを持ってこのお道を通るとすれば、やはりそれは間違っていると思う。「どんな環境であろうと今が結構なのである」という日々が本当だと思う。

おたすけについて、二代真柱様は、「子供には習うより慣れさせるように導いてほしい」とお教えくだされた。私の教会では、にをいがけに行くときは、子供たちも全員参加する。

「父ちゃん、このパンフレット、どう言って渡すの……」

と、小学三年生の雅乃《まさの》は心配顔である。

「あのなあ、『おばちゃん、これ、よいことが書いてあるから読んでね』と言って、渡せばええのや」

と教えると、早速飛んでいった。二男の英治《えいじ》は、大きな門をガシャガシャ鳴らせて、次々とパンフレットを配りに行く元気者だ。

三男の洋志朗《よしろう》が家内に散髪をしてもらったところ、学校で友達から、

「おまえの頭、トラ刈りやんか」

「こんなところに長い毛があるぞ」

「トラ！　トラ！　おーい、二宮のトラ！」

と、冷やかされたことがたまらなかったのであろう。学校の帰りに散髪屋さんの店先に行き、ガラス越しにじっと見ていたら、疲れていつしか歩道に寝転んでしまったらしい。

このことを聞いた時、「ほんまにばかなやつやなあ――」と言って、私は洋志朗の頭を撫《な》でながら声をつまらせてしまった。もちろん私の頭も家内のバリカンに頼っていることは言うまでもない。

学校の成績も初めは遅れがちであったが、近ごろではどんどんみんなを追い抜いて、さまざまな表彰状を持って帰ってくる。幼いころ、おたすけの合間に古紙に絵を描いていた子供たちは、みんな絵が上手である。上から三人は、愛媛県から表彰されて同じ賞状を三枚持って帰ってきた。実に愉快なことである。

子供は一日一日、ぐんぐんと伸びていく。ぼんやりしてしつけを怠ると、取り返しのつかないことになる。道のご用を幼いころからし続けさせて、身につけておいてやらねばならないと思う。

蛙の子は蛙

夏休みである。

「父ちゃん、僕、布教に行こうわい」

中学二年生になる秀人が、急に話しかけてきた。

「おまえ、そんなに簡単に言うけど、布教というのは大変なことやで」

「大変やけど、かまへん。僕、やってみたい」

「そんなに言うのなら、二、三日でもやってみい」

「二、三日では少ないわ」

「そんなら何日行くねん?」

「五日行くわ」

「おまえがその気なら、そうせえ」

ということになり、準備をした。私の信仰が中学二年生から芽生えたことを思い合わせて、理の鮮やかさに驚いた。

秀人はいま、食べ盛りで、夕食の時などカレーライスを一杯食べ終わり、さらにもう一杯、大盛りにしてゆうゆうと平らげて、まだその上にラーメンをペロリと食べる。布教に出たら、そんな食欲の五分の一も満たすことはできない。途中でぶっ倒れるのではないかと思って、「二日ほどにせよ」と言う親心を分からず、「五日がいい」となったが、私は内心〝まあ、途中でやめて帰ってきても、中学二年生ぐらいで布教に行くと言う気迫だけでも素晴らしいことや〟と思っていた。

丸腰で布教をしているSさんと歩かせることにした。秀人の布教を誰から聞いたのか、八十六歳の老婦人が、「秀坊に餞別《せんべつ》をやるのや」と持ってきた。私は「それをやってはいかん」と止めたが、

「会長さんが止めても、私はあげたいのや。会長さん、この年寄りの言うとおりにさせて」

と言われて、私も引っ込んでしまった。秀人はそのお金を全部、神様にお供えしていたようである。

出発の朝、パンフレットをたくさん抱え、『おふでさき』をポケットに、「じゃあ、行ってきます」と雄々しく教会の門を出て行く秀人の姿に、嬉しいような不憫《ふびん》なような心が入り混じって、「あまり無理をするなよ」と言葉を添えて見送ってやった。教会から二〇キロ離れた所に行くのである。

その日の夕方、門のところでウロウロしていた私は、「会長さん、何してますの？」と信者さんに尋ねられ、「何もしとりゃせん……」と口ごもりつつ神殿に入った。

翌日の夕方も同じように、門のところで遠くの道をしばらく眺《なが》めていた。「ひょっこり秀人が帰ってくるのでは……」と思う心が捨てきれず、親バカそのままであった。かつて私が今治へ布教に出たあと、ヒデヨ母が毎日のように、袋に少しばかりのお米を入れて大教会へお供えに運んでいたことを、そばにいた人から聞いたが、そのことを今あらためて思い出し、〝おばあちゃんはあの時、今の私と同じ思いをしてくれていたんやなあ〟と、胸がしめつけられる思いがした。

三日目に、役員さんが「ちょっと秀人君を見てきます」と出かけていった。帰ってきた役員さんに、「どうしてた?」と聞くと、

「夕方、ちょうど帰ってきたところで、玄関の所に座り込んだまま『おばちゃん、腹減ったわ……』と言っていました」

とのことである。〝そやから二日ほどにせよと言ったのに〟と心の中でつぶやきながら、〝それでよい、それでよい〟と思い返してもいた。

四日目も、とうとう帰ってこなかった。

五日目の夕方、私は車で迎えに行った。布教所の玄関を入ると、薄暗い奥の間に寝転んでいる秀人が目に映った。

「秀人、迎えに来たぞ」

私は思わず大きな声を出した。

「父ちゃん、五日間、頑張ったやろう――」

と秀人は力なく、それでも約束の守れた喜びをハッキリ語ってくれた。帰る道は、

いつになくアクセルに力が入った。

「父ちゃん、やっぱり車はええなあ――」

秀人は感嘆していた。それもそのはずで、一日に四〇キロは歩き回っていたらしい。バックミラーに映るわが子の顔は、ひとまわり小さく痩《や》せて見えた。いや、確かに小さくなっていた。

学生用のカッターシャツの襟《えり》が、汗と埃《ほこり》で真っ黒に汚れている。

「おまえ、風呂に入らずか？」

「父ちゃん、布教やもん、風呂に入ったらいかんやろう」

話す言葉の一つひとつがまったくあどけなく、まだ確かに子供であった。早速、風呂に入って体重を量っていた秀人が、

「父ちゃん、二キロ減ってるわ！」

と言う。

「たった五日で二キロも減ったら、一カ月も布教したらいくら減るねん。一年も行ったら身体《からだ》がなくなってしまうやないか」

「そやかて、減ったのに……」

と、キョトンとしている。

落ち着いてから布教の内容を聞いてみると、朝、だんご汁を一杯だけ頂いて家を出、方々ににをいがけ、ひのきしんに歩き、昼食は抜いて、晩に蒸しパンを食べて寝るのだという。途中でSさんが「秀人君、うどんでも食べる?」と聞いてくれたが、結局は食べずに頑張ったという。秀人にとっては貴重な、真実な話の種を残したのであった。

「まだ中学生だというのに、可哀相《かわいそう》やで」

と、私に忠告してくれる信者さんもいた。

「だけどなー、広い世の中には秀人と同じ年齢で、病気のために骨と皮だけになって、わが苦しみと闘っている子供もたくさんいるのや。そのことを思うたら、人だすけのために痩せ細るのは素晴らしいことやで。小さいながらも、教祖のお手伝いができたんやで。喜んでやってんか」

と、私は言っていた。

この体験で、もう布教はこりごりだろうと思っていたが、次の年の夏も同じように飛び出してくれた。

「父ちゃん、僕はどうしても布教に行くで。そうやないと、本当の道は通れんと思う。必ず布教に行くで。それからでないと教会は継がへんでー」

と言うわが子に再び泣かされた。

まだ布教所であったころ、ある信者さんに、

「先生は人だすけに一生懸命通ってなさるが、もし秀人君が大きくなって、お道を通るのが嫌やと言うたらどうしますか?」

と尋ねられたことがあった。

「そんなん、道を通ると言うこと、分かってあるがなー」

「いいえ、もしも通らんような時は、と言ってますねん……」

と即答した。

「絶対、通ること決まってると言うてるのや」

そんな押し問答の末、信者さんは帰っていった。今度は家内が、

「いま話しておられたことですが、あなたは本当にどう思っておられますの？」

と、あらためて尋ねてきた。

「秀人はな、人だすけ一心のこの父親の種を頂いて、人だすけ一条のおまえのお腹《なか》で育って、真実なひと様のお供えをお下げいただき、食べて着て育ちながら、それでいてこの道通らんときは、私は親神様に百日の願いをかけて、秀人をこの世から引き取ってもらうから、そのつもりでいろ！」

と厳しく言い放った。すると家内も負けてはいなかった。

「そうですか。私もその時は、秀人が人だすけの道を通ってくれるよう、百日の願いをかけさせていただきます。絶対にあなたに殺させはしませんよ」

ここまで夫婦の心が定まっていたら、秀人も道から離れようがなかったのであろう。いま、天理教校附属高校に在学し、世界たすけへの夢が大きく広がっているようである。

妻と歩く

青い月が煌々《こうこう》と照らしている夜道を、家内と肩を並べて話しながら歩いたころのことを思い出す。口数の少なかった家内は人前に出るのが嫌いで、女学生のころはいつも小鳥を飼ったり、本を読んだりするのが何よりの楽しみであった。私が話しかけても、その十分の一の返事が返ってくるのがやっと、というありさまだった。そんな家内が、教祖のひながたを聞き、感動し、真実の道を求め、苦労を承知で私のところへ嫁に来てくれたのである。嫁いだ翌日、私は「私の世話に来たのではない。人だすけのできる真実な人に育つのやで」と、だめ押しをした。

この道は夫婦の道とお聞かせいただく。ならば、二人の心を治めねば嘘《うそ》の道になる。妻を育てるのは私の当然なつとめであり、責任でもあると思う。妻を育てることができんようでは、道半分の値打ちよりないことになる。〝鉄は熱いうちに打て〟の諺《ことわざ》どおり、身も心も泥まみれになった。里へ帰ろうとしたことも、気が狂い始めたことも、自殺の道を選びつつも踏みとどまるということもあった。まさに暗闇《くらやみ》の道中であった。

「私の手を離すなよ。離したらどこまで落ちるやしれんぞ！」と、今にも気を失おうとする家内を、まるで気付け薬のように怒鳴り飛ばしながらたどった道は、筆に綴《つづ》れるような道ではなかった。

「道一筋に生きる者は悲しみも悩みも超さねばならん。恥ずかしさも捨てよ！　感情や情緒を離せ！　常識では人はたすけられん。理に生きよ！　苦しみ、あがけ、そして絶叫せよ！　そのあとに人間の愚かさが、魂の底から滲《にじ》み出てくるのだ！　徹底した自分の愚かさと向かい合った時、初めて空間が己の心に生まれるのだ。この空間にご存命の教祖が入って働いてくださるのや。この思いが身につくまで、何回でも苦しみを繰り返すのや！」

と、前へ前へと押し出した。それは、そのまま私のあがきであり、己の心へ向ける刃《やいば》そのものであった。

己が育つことを忘れて人を育てることは、天の理に許されていない。鬼にも勝る厳しい仕込みの陰で、「私はおまえを一番愛しているのや」と心に形に表し、常に裏打ちをしなければ、いつ破壊されるかしれない綱渡りのような危険な道中でもあった。「上品な体裁《ていさい》のよい道を通ってはならん。苦しみ抜いた者でなければ、人の苦しみがほどけるか！」という思いでいっぱいであった。

二〇キロに余る道も平気で歩き、自動二輪で駆け、さらには車を運転して、おたすけの範囲を大きく広げていった。私も休むことはしなかったが、家内の休むことも許さなかった。「急がず、あせらず、止まらず」と、心に繰り返していた。

ある時、家内はお腹《なか》に六カ月の子供がいる身ながら、松山市へ単独布教に出た。自分の道を独歩で切り開こうと試みたらしい。ところが大教会長様から「あまり無理をするなよ――」と言われて、三カ月で戻ってきた。

結婚して五年目に、おぢばで全教の講演大会が開かれ、家内は四国ブロック代表として演壇に立った。にこやかに笑顔を絶やさず語る家内の姿を見ながら、私は止めどなく涙を流して聴き入った。布教の初めのころ、「私は人に話をするのが嫌いですから、家の用事をさせてください。人の前へ出ただけで気が遠くなるんです」と頼む家内に、私は「人だすけのために、性格そのものを変えてしまえ」と突っ張ねたが、〝あのもの言わずが……、見事に自分の性格を人だすけのために切り換えよったなあ――〟と思うと、家内の一声一声が、私の涙の一滴一滴になった。

また、私たちが布教を始めたその日から、住み込み人が来た。少ない時でも三人、多い時では十三人を数えた。そのほとんどが身上《みじょう》・事情の者であるため、その世話取りと心配りに、命も縮むほどであったろうと思う。

「親心をつくれ」と諭し続けた道が十年に余った。そのために身にも心にも大小無数の傷を負った。やっとのことで親心を悟り得た次は、「無我」が待ち受けていた。子供の命を神様にお供えしようと思ったのも、「無我」への一つの挑戦であった。「親神様がそれぞれに自由《じゅうよう》を許された心を捨ててしまえ。まったくのあほうになってしまえ！」と、理の道をさらに深めていった。私は「妻の座を去れ！」とも迫った。しかし、家内も必死であった。

「今日までどんな苦難な道も通れたのは、会長さんの妻だという喜びと心の支えがあったからです。そのたった一つの支えさえも、会長さんは外せと言われるのですか！　それでは私に何の生きる力が残るというのですか？　いまさら妻の座を去れとは、あまりにもむごすぎます！」

家内は初めて抵抗した。しかし、この抵抗も空しいものであった。私は完全に家内を無視し始めた。家内の顔に落胆と失望が見えた。

それから数カ月後のある日、家内からおぢばにいる私に電話がかかってきた。

「長い間、大変迷惑ばかりかけてすみませんでした。今日まで頑張らせていただきましたが、身も心も、もはやぼろぼろです。会長さんに話してみても、女である私の気持ちを分かっていただけるはずはありませんので、洋志朗と真紀《まき》を連れて、私なりの布教の道へ出させていただきます。どうか、あとの子供を頼みます」

か細い小さな声を聞いて、「私が帰るまで待て。待てんのなら私の不徳や。致し方ない」と答えて電話を切り、親神様に自分の不徳をお詫《わ》びした。さんげの思いでいっぱいであった。

おぢばから帰ると、家内は私を待っていてくれた。私は何も言わず、

「すまんことやった。私が無理強《じ》いをしすぎたのや。許しておくれ」

と頭を下げて、何べんも家内に詫びた。もともと「無我」になりたくないという家

内に、無理やり押しつけた強行策は失敗だった。しかし「無我」への挑戦を取り消したわけではなく、浜辺に波が押し寄せては引き、引いては返すように、道のため押しは「無我」で治まるのやと、一年、二年と説き続けた。

そんなある朝、「会長さん、『無我』の入り口を見つけることができましたで！」と、晴れ晴れとした顔で告げてくれた。「そうか。よかった、よかった」。私は家内の手を握りしめて涙をこぼした。

「長い間、お道のために苦労かけたなあ。『親心に無我』、この二つを宝として、人だすけの生涯へと、さらに心を洗い続けて歩んでいくのや。もう、これからは不安も苦しみもないで」

私は声が上ずるのを止めることができなかった。

先般、大教会で開催される教会長夫人ばかりの布教実修会で、体験発表に二宮鈴代を任命する旨、大教会長様から連絡を頂いた。

私は躍り上がって喜んだ。道にはまったく無知なところから、十七年にわたって育て上げてきた鈴代というよふぼくが、数あるご夫人方の中からただ一人選ばれ、お話をさせていただくとは、と思うと、息づまるほど嬉しさが込み上げてきた。

実修会の当日、素朴に語る家内の話から、道の上に苦しみ抜いた強烈なにおいが、遠慮なく会場に流れていった。道一筋をたどられるご夫人方の中には、涙を湛《たた》えて聞いてくださる姿が見られた。

家内の話が終わった時、実修会の責任者の先生が、「二宮さん、よくあそこまで奥さんを仕込んだね。中和一だよ」と褒《ほ》めてくださった。

第三回の実修会にも、続いて体験発表のご命を頂いた家内は、小さくなって「どうなってますの？　私のような者を二回まで……」と戸惑うている。その姿がさらに私を喜ばせてくれた。

ある人は、「二宮先生は、すぐに家内、家内と言われるから、こちらはかないませんよ」と私を冷やかす。「しかし単独布教から今日まで、二人で魂をぶつけ合っておたすけのご用に当たってきた道から、家内を外すわけにはいかんのですよ」と答える私である。それにしても、私のような乱暴な夫に、よく今日までしがみついてきてくれたものやと、しみじみ思う。

先日も、「みなさん、早く乗ってくださいね」と、二十数名の信者さんをマイクロバスに乗せて軽々と運転し、教会の門を出ていく家内の姿に、「奥さんは頑張るなあ」と、信者さん方が嬉しそうに話していた。

最近になって、家内にも講演依頼の電話がかかってくるようになったが、これも教祖が家内に下さる何よりの贈り物だろうと思う。

私が、「ずいぶんとおまえには人だすけの上の苦労をさせたから、いま少し年老いたら、おまえを連れて旅に出よう。その時は、おまえの思うように私がお供をして歩くよ。そして炬燵《こたつ》に足を入れて、今日まで書き続けてきた日記をひもときながら、昔話をしようね」と言うと、家内は目をうるませて、「ありがとう……」と答えてくれた。

お道の夫婦にはお道の夫婦としての通り方があり、普通の人が得られない心の幸せへの道も、教祖が下されていると思う。難渋な道を通り越えた夫婦の喜びこそ、生涯壊れないものであろうと思う。

宝に埋もれた私

窓から青い海と美しい町並みを眺《なが》めながら、過去から未来への遥《はる》かな道に思いを馳《は》せる。

幼いころの私は親泣かせの乱暴者で、「おまえみたいな者は生まれてこなければよかったのや!」と、母からよく言われた。兄と喧嘩《けんか》をした時、力づくでは負けるので、三本鍬《ぐわ》を持ってきて、目をつぶって兄の頭に打ち込んだ。真っ青になった兄がとっさに飛びのいてくれたから、私は殺人犯にならずにすんだ。弟や妹を叩《たた》きつけても、徹底的に痛めつけないと気のすまない性分で、自分で自分の性格が悲しかった。

中学二年生のころから神様のお話を聞き始め、弟や妹を連れて、お宮さんなどでひのきしんをし、子供会のリーダーにもなった。富貴村での貧乏な生活、大教会でのさまざまな悩み、そして親会長様の厳しい仕込みも、すべてたすけ一条の足場となったものばかりで、無駄な道は一つもなかったと思う。その一つひとつが鮮やかな色艶《いろつや》を添えて、今も私の心の中に生きている。

私の願いは、教祖の思召《おぼしめし》どおりの「世界たすけ」である。青年のころ、私はいつも「アフリカ布教」を夢見ていた。しかし、片足切断寸前というふしで、それも思いとどまった。現在では、左足の方が少々不自由という程度でご守護いただいている。

海外布教の夢はさらに膨らみ、二男が生まれた時に、英語を治めて海外布教に飛びたてと願って「英治」と名づけたほどである。そして生まれた子が、ひときわ荒っぽいのを頼もしい限りと喜んでいる。今では、日本にいて海外向けのよふぼくを育てたいと思っている。

今日までの一区切りの道を振り返ってみて、こんな楽しい、通りやすい道はないと思う。それは、教祖から教えていただいたことを正直に守りさえしたら、それでよいのである。

今まで私なりに、御《み》教えを一生懸命に通らせていただいた。その時その場の与えられたことに、自分のすべてを叩き込んできた。失敗も多く、間違いもたくさんあった。そのたびに素直に謝ることにしてきた。親神様も周囲の人々も、何回となく私を許してくださった。するとはどんくさく、まっとうなことはできなかったが、投げ出すことはしなかった。「続いてあってこそ、道と言う」とのお言葉が、私をつないでくだされた。

布教に飛び出した日から、〝親神様！　教祖！〟と心の中で唱え続けてきた。それしか私は知らないのである。「教祖！」とお呼びするたびに、さまざまな大切な事柄を一つひとつ心に浮かばせてくだされた。また、そのとおり今日まで来させていただいたが、一つの間違いもなかった。

おぢばで教祖の御前に進み出て、教祖にお話しさせていただくのが何よりも楽しい。九つの年に出直しをしていたはずの私である。よくも今日まで、この身上をお貸しくだされたものやと思う。三十年にわたるおたすけの中で数回、自分の命を切ってお願いづとめをさせていただいた。どう考えても、今日こうしてこの世においてくだされているのが不思議でならない。親のお慈悲であろうと思う。

だから、出直しには何の不安もない。古い身体《からだ》をお引き取りくだされ、真新しい赤ちゃんの身体に着替えさせてくださる理は、もったいないと、深く感謝の念をいつも持ち合わせている。

私には財産といって何一つないが、〝人は宝〟と教えていただくとおり、宝の山に埋まっている自分を見る。家内と六人の子供を持ち、真実な多くの理の子に恵まれた私を、誰もが「本当の幸せ者ですな」と言ってくれる。

わずか三十年にして教祖は、こんなに結構な心と形を下された。

「この道を通らせていただけてよかったなあ」と、朝に夕に思うのである。

完

あとがき

道友社から、「今日までの道すがらを一冊の本にまとめてほしい」と電話を頂いた時、いつもの素直さが「ハイ！　書かせていただきます」と答えた。

返事をしたあとで、〝この不徳者が〟と思うと胸がひどく痛んだ。

早速、このことを家内に話すと、

「そりゃよかったですネ！　きっと楽しい本ができますよ」

と、すましたものである。

教祖《おやさま》の前でしばらく座らせていただいた。

「数多いよふぼくの中には、行きつ戻りつの信仰にさまよっている人だってあるはずだ。至らない私のような者が書いた本でも読んで、足らん者同士の肩寄せ合った心の成人の糧《かて》としていただけたらよいのだ」

と心が定まり、ありのままを、素直な気持ちで原稿にまとめてみた。

今日まで一に教祖、二にも教祖、の道であった。それしか私は知らないのである。

道なかばである私が、一つの区切りとしてこの本を出させていただいたのと同時に、家内は次の成人の塚を求めて単独布教に出た。

しかし、妻の布教とともに私の道もこれからである。〝教祖、今日もおたすけに使ってください〟と、朝な夕な親に甘えつつ、這《は》いつまろびつたどる道は、本当におもしろい道である。

二宮勝己

再刊あとがき

道友社から『この道ひとすじに』の本を再刊したいと連絡を頂いた。以前からたくさんの人々に、再三にわたって「『この道ひとすじに』の本が欲しいのですが」と言われていたので、「これは良かった」と、大変嬉《うれ》しく思った。

そこで早速、初版の本を取り出し、あらためて読み返した。あの時から二十六年を経て、今年七十歳を迎える私の心に、当時のことが走馬灯のように浮かび上がって胸が熱くなり、涙がこぼれた。また、あのころの、ひと筋に道を思うひたむきな心と、いま、広く世界たすけにつとめる私の心が、「変わらぬが誠」とお教えいただくように、まったく変わっていないことが何よりも嬉しい。

単独布教のころに与えていただいた私の子供六人。その中の男三人が教会長となり、夫婦共に道を楽しみながら、いきいきとたすけの道に励んでいる。女二人は、自ら望んで教会長夫人となり、あとの一人は布教所を持って、それぞれが夫婦仲良く、素直に、にをいがけに頑張ってくれている。さらに、孫が十七人いるが、みんな朝づとめはキチンと勤め、おつくしの大好きな子供たちである。これから先の将来を眺《なが》めながら、きっとみんなそろって世界たすけに生きてくれるであろうと、夢は膨らむ。

また、瀬戸路の教会があらあら地盤が固まりかけたころ、少年会活動に全力を注ぎ、その教育理念は「元の理」を徹底して教え、現在に至っている。そこから、教理を芯《しん》としたブラスバンドが育ち、道の次代を担う若者たちの多い教会となった。

そして、私と共にたすけの道を真剣に歩んでくれた人たちも、次々と人をたすける喜びを味わってくれるように育ちつつある。その反面、出直していったよふぼくも多い。しかし、その出直しは、たすけに生きたさわやかな笑顔と、来生を信じきる嬉しさにあふれた姿そのものであった。そして今日まで、私と共に辛苦の道をたどってくれた妻も、昨年、腎臓《じんぞう》がんの身上を頂いたが、その節目を見事にご守護いただき、今では多くの理の子の母として慕われながら、たすけの道を心楽しく歩んでくれているさまは、幸せそのものである。

このような素晴らしい事々は、ご存命の教祖にお連れいただいたものばかりである。私の力などかけらもない。いつも、いつも、「教祖！　教祖！」と、それしか知らなかった。だから教祖も、私のような、ささやかなおたすけしかできぬ者でも手放さずに、五十五年間、ここまでお連れくださったのだと思う。

ところが、全国へ講演等に出かけると、道を数十年も通りながら「どう考えても、これだけは喜べません」と、悲しそうな顔をして私に語りかけてくるよふぼくの多さに、胸が痛む現状である。「こんな素晴らしい結構なお道なのに、なぜだろう？」。それは、世間一般のように、目に見えるものを求める心が迷いを起こし、形だけは道を通りながら、心には不足不平が渦巻いて暮らしている。まさに、道と世界が交互に入り乱れ、心の治まりようがない姿であり、このような日々の中からは不思議なたすけのご守護も頂けず、子供も孫も道から離れていくに違いない。

いま、全教が教祖百二十年祭に向かって、世界たすけに燃えたっている。『諭達第二号』に「この道を歩むお互いが心の向きを揃《そろ》え」とお教えくださるように、ご存命の教祖が教えてくだされたことを素直に守り、教祖にお連れいただくよりほかに道はないと信じる。

目の前に現れてきたことはすべて、善も悪も含めて「教祖が私によかれと思って下された、親心いっぱいのプレゼントだ」と信じて疑わないことである。それが天理教の信者である。

その時、その場では納得のいかないことであっても、月日がたてば「なるほど」と、心から喜べることばかりである。目の前のさまざまな事柄に振り回されたり、相手の足らなさを非難することなく、ひたすらわが心の畑を耕すところに、この道でしか味わうことのできない深い喜びと、末代たすかる理を必ず頂ける。

私はこれからのち、残された寿命をかけて、親神様がわが子を思う親心を〝さとり〟の世界に広く深く求めつづけ、本当の陽気ぐらしとはどこにあるのかをわが身で確信し、それをもって、人間として生きる道を見失い、現代社会に苦しみあえいでいる人たちに、真正面から教祖の想《おも》いを堂々と語りかけ、〝人間本来の魂の輝きを呼び戻してほしい〟と、その仕事に取り組みはじめている昨今である。
道は楽しみ、道は喜びである。

立教百六十六年七月

著　者

二宮勝己（にのみや　かつみ）
昭和8年（1933年）、大阪市に生まれる。母親の強い信念のもとに、中学を卒業と同時に天理教中和大教会に青年として住み込む。35年、愛媛県今治市に単独布教に出て、5年にして天理教瀬戸路分教会を設立。平成10年（1998年）に教会長を辞任後も、天理教布教部講演講師として活躍している。

この道《みち》ひとすじに

立教140年（1977年）12月10日　初版第1刷発行
立教166年（2003年）8月26日　第2版第1刷発行

著者　二宮勝己《にのみやかつみ》

発行所　天理教道友社
〒632-8686　奈良県天理市三島町271
電話　0743（62）5388
振替　00900-7-10367

TENRIKYO DOYUSHA

印刷所　株式会社天理時報社
〒632-0083　奈良県天理市稲葉町80

ISBN4-8073-0483-6
定価はカバーに表示